松井秀喜　大リーグの真実

松井秀喜

朝日文庫

本書は、二〇〇三年十二月に朝日新聞社より刊行された『語る　大リーグ1年目の真実』に、朝日新聞に連載された「語る　松井秀喜　from U.S.A.」(二〇〇四年掲載分)を第2部として加え、再編集したものです。

「松井秀喜をめぐる主な出来事」と巻末データは、朝日新聞東京本社スポーツ部が作成しました。

※各文章タイトル下の日付は朝日新聞掲載時の日付、本文中および「松井秀喜をめぐる主な出来事」の日付はすべて現地時間です。

松井秀喜　大リーグの真実＊目次

第3章　後半戦スタート　

協力／ニューヨーク・ヤンキース

松井秀喜　大リーグの真実

第1部　未知への挑戦……2003年

第1章
キャンプイン

ぼくの変化楽しみ　2003・2・18

フロリダ州タンパの天然芝は、まぶしいばかりにきれいです。ぼくが自主トレーニングを続けてきたヤンキースの練習場には、グラウンドが4面並んでいる。そのすべてに、天然芝がびっしり敷き詰められています。

そのにおい、雲ひとつない空の高さ、何とも言えない心地よさ。1991年夏、ぼくは日本高校選抜チームの一員として西海岸に遠征しました。そのとき率直に驚いた広いグラウンド、大きな家……。あのアメリカの風景の中に今、ぼくはいる。

いよいよ18日からヤンキースの野手組キャンプが始まります。そんなに緊張していないけれど、やっぱり落ち着かない部分はある。どことなく、そわそわしているというか。去年までと違って自分の居場所さえ分からないんですから。そんな気持ちになるのも、巨人に入団して以来だから、10年ぶりなんですよね。背番号「55」と言えば松井秀喜、とアメリカのファンにも認知されるよう頑張りたい。キャンプは、その大切な一歩だと思っています。

◇

ニューヨークからフロリダ州タンパに来て約1週間。日本のキャンプはもう、中盤に入っているんですよね。

（巨人がキャンプをしている）宮崎の地鶏を食べたいなあ。釜揚げうどんもね。

ニューヨークはおいしい日本食レストランがたくさんありそうだけど、タンパで見つけるのは大変です。先日は、自分の部屋で即席カレーを食べました。日本にいるときから、自分でご飯を炊くことはあったから。簡単な炒め物ぐらいなら、ぼくだってつくれるんですよ。

食事に関しては、これから工夫しなければいけないでしょう。おいしいものに囲まれていた宮崎とは違う。でも、自分の中で残念に思っていることがあるとすれば、そのぐらいじゃないかな、と思います。

なぜなら、日本にいたら絶対にできない経験を、今のぼくはしている。米国に来てからまだ日は浅いけれど、メジャーに挑戦して本当に良かったと思っています。

それにしても、こっちのスケールは、何かにつけて大きい。ぼくが自主トレをしているタンパ・ヤンキース（マイナー1A）の練習施設は、とにかくすごい広さです。芝生のグラウンドが4面並んでいますが、これが本当にきれい。その中で走って、打って、投げて、転がって……。最高に気持ちがいい。

スケールの大きさに感動する半面、ちょっとしたことで厳しさも味わいました。

初めて自主トレに参加した11日、朝食を食べないで出かけたら、クラブハウスには何もなかったんです。リンゴをかじっただけで練習する羽目になりました。日本にいたころはキャンプ中はもちろん、自主トレ中も球団施設ならば何かしら用意されていましたからね。でも、こっちではそうはいきません。

そんなドタバタで始まったタンパでの生活ですが、初日からいきなり、ジーター、ポサダ、ソリアーノのレギュラー3人と一緒の組で練習することになるとは思わなかった。クラブハウスのホワイトボードに、4人の名前が並んで書いてあったそうなんだ。ぼくは気づかなかったけれど、「MATSUI」が一番上だったそうです。

ジーターはすごくいい男ですね。チームの看板選手なのに、気さくに話しかけてくれる。「ガッズィーラ！」「ガッズィーラ！」なんてね。そして、「ぼくたちが君をサポートするよ」と言ってくれました。彼と二遊間を組む二塁手のソリアーノも、いろいろと気を使ってくれる。広島にいて日本語を少し知っているから、「ゲンキ？」と声をかけてきたりね。

みんなヤンキースという伝統チームの一員であることをすごく誇りに思っているし、ファンやメディアから常に注目されるこのチームでプレーすることの大変さを誰よりも知っている。だから、ぼくのような新人選手にも、やさしく接してくれるのかもしれない。

それは選手に限ったことではない。監督やコーチはもちろん、球団の職員、警備をしてくれる人たちも、チームに対する忠誠心を確実に持っている。その度合いは、自分の想像をはるかに超えていた部分もある。これが長年にわたって築かれてきた伝統の重みなのでしょう。

それはこのチームの影響力の大きさ、と言い換えることもできる。ヤンキースがニューヨ

2003年2月18日、キャンプイン。
センターを守るバーニー・ウィリアムズと
©森井英二郎（朝日新聞社映像本部）　New York Yankees

ーク市やファンに与える影響というのは計り知れないものがある。こっちに来てまだ日は浅いけれど、そんなことをすごく感じます。

ジーター、ポサダ、ソリアーノ……。今まで、ずっとテレビで見ていた選手たちですからね。初めて一緒にトレーニングした日はやっぱり少し緊張しました。ソリアーノだって、日本にいたときのイメージとはまったく違う。身体能力も何もかも、けた違いです。さすがはヤンキースの中心メンバーですね。

そんな緊張の中でも、ある程度は落ち着いて、自分なりにいい練習ができたと思います。ジーターがぼくのバットを手に取って、「とてもバランスがいいね」と言ってくれたのはうれしかったですね。

そんな驚きや喜び、もちろん苦しみも含め、経験をひとつずつクリアしていくことが、ぼくには大切なんです。彼らにあいさつし、自己紹介し、一緒に練習する。ぼくがどういう人間か、少しずつ分かってもらう。そうやって、階段を一歩一歩、上っていきたいと思っています。

ピンストライプ（細い縦じま）のユニホーム姿はどうでしょう？　ぼく自身はまだ、しっくりきていない。

実は、しま模様のユニホームは野球人生で初めてなんです。阪神ファンで、縦じまユニホームのパジャマを着ていた小学生時代を除けば、の話だけれど。

思えば、ニューヨーク、マンハッタンのポスターを自分の部屋に貼っていたのも小学校6年生のころです。確か、小松市の書店で買ったんだ。ニューヨークへのあこがれは、あのころから漠然と芽生えていたのかもしれません。

いずれにしても、ヤンキースのユニホーム、早く似合うようになりたいですね。

1月の入団発表で着たユニホームは、日本に持ち帰りました。だからと言って、自分の部屋で袖を通して、一人でニヤニヤしたりはしていませんよ。きっと、ユニホームを身につけて、実際に野球をするようになれば、また違った感慨も出てくるんでしょう。

ただ、背中に違和感はないです。(巨人時代と同じ)背番号「55」をつけているという安心感は、やっぱりありますね。他人の番号を奪うつもりはなかったから、偶然だけど、この番号が空いて本当に良かったです。日本の皆さんには、背番号でぼくだと分かってもらえますから。

さあ、キャンプイン。

日本のファンの皆さん、新たなスタートを切る松井秀喜の、ありのままの姿を見て下さい。ぼくという人間は、基本的には変わらない。でも、環境が変わったし、ユニホームも変わった。その中で、松井秀喜がどう変わっていくかを楽しんで下さい。

今は自分の変化を気にしている余裕もないし、分からないけど、後から振り返れば、きっと何かが違っていると思う。

実はぼく自身も、その変化を、すごく楽しみにしているんです。

松井秀喜をめぐる主な出来事

2002・4・13
フリーエージェント（ＦＡ）権を獲得。「巨人というチームとファンに愛着があるし、力になりたいという気持ちは強い。これを第一に考えていきたい」

10・31
ＦＡ資格の権利行使が解禁。「正直なところ、まだ余韻に浸っている段階。何も考えていない」と語っていた松井が深夜、メジャー挑戦を決断。

11・1
都内のホテルで会見し、大リーグ挑戦を表明。「最後の最後まで悩んで苦しかった。何を言っても裏切り者と言われるかもしれないが、決断した以上は命をかける」「ぼくは日本の球界に育てられた人間。その誇りを持って戦うしかない。向こうでも巨人魂を見せたい。松井秀喜というプレーヤーの心意気をすべて出すことが、ファンの皆さんが喜んでくれるのではないかと思う」。日本の４番が、大リーグへ。

11・6
10日に開幕する「日米野球2002」の大リーグ選抜メンバーが会見。松井へのアドバイスを聞かれ、マリナーズのイチローは「早く自分が楽な場所を見つけること。例えば、日米のたくさんのメディアが来る。対応をきちっとすることが大事だ」。ジャイアンツのバリー・ボンズは「日本でやってきたことを米国でも出せば大丈夫。目標にまっしぐらに進んでほしい」とエールを送った。

11・9
日米野球を前に、大リーグ選抜と巨人の親善試合。巨人のメンバーとして戦う最後の試合。後に松井のチームメートとなるヤンキースのジェーソン・ジアンビと、ボンズが、2度の2者連続本塁打。「実感というか、一ファンとして、おーい、スゲーなあという感じ」

11・13
FA交渉が解禁。「ヤンキースから話が来ればうれしいが、それはどの球団でも一緒」。
米・アリゾナ州ツーソンでのゼネラルマネジャー（GM）会議に出席しているヤンキー

スのブライアン・キャッシュマンGMは「まだ特定の名前は出せない」と慎重な姿勢。マリナーズのイチローが、2年連続2度目となるア・リーグのゴールドグラブ賞を受賞。レンジャーズの伊良部秀輝が自由契約に。伊良部は後に阪神に移籍。

11・15
東京ドームで、日米野球の第5戦。試合前のホームラン競争で、松井とボンズが対決。計20スイングの勝負は、5－8で完敗。10スイングが終わると、ボンズから「リラックスしろ」と肩をもまれる一幕も。

11・18
大リーグ3球団から交渉の申し込みがあったことを明らかにする。

11・19
代理人を通さずに大リーグ球団との交渉を進めようとしていた松井が、代理人を立てることを表明。「今まで手紙やメールでいろいろやってきたが、限界があった。しっかりした契約をするためにも、プロの方にお任せすることにした」。後に、屈指の敏腕代理人として知られる弁護士のアーン・テレム氏と契約。

11・20
マリナーズが、2003年開幕戦を3月25、26両日、東京ドームで開催することを発表。後に、米国の対イラク開戦で中止に。

11・22
4球団目のオファーを公表。

11・26
岐阜県養老町にあるスポーツ用品メーカー「ミズノ」のバット工場に、2003年シーズン用のバットを注文。日本球界で一般にスラッガー型と言われる細いタイプを捨て、大リーグで多投される揺れ動く速球に対応するため、芯の部分が太い「ビール瓶型」を発注する。

12・3
レッドソックスがホームページで松井獲得に動くことを表明。エクスポズの吉井理人が自由契約に。後にオリックスに移籍。

12・9
代理人として、テレム氏と正式契約。「すっきりして、すがすがしい。後はチームを決めるだけ」
メッツも獲得に関心。

12・12
テレム氏がヤンキース、メッツと本格的な交渉に入る。

12・13
米・テネシー州ナッシュビルで、大リーグのウインターミーティングが始まる。16日まで。

12・19
ヤンキース入団が決定。3年契約で総額2100万ドル（当時のレートで約25億4000万円）。「ヤンキースはメジャーリーグの中でも素晴らしい伝統があるし、素晴らしいプレーヤーが在籍してきた。そのチームで自分の力を存分に発揮したいと思った」

12・21
一時はメッツ入りが確実視された近鉄の中村紀洋が、近鉄残留を発表。

12・24
キューバから亡命した元ナショナルチームのエース、ホセ・コントレラスがヤンキース入り。

12・26
川崎市のジャイアンツ球場でトレーニングを開始。

2003・1・4
故郷の石川県根上町《ねあがりまち》（現能美市）に帰省。「新春町民の集い」に出席。「精いっぱい頑張ります。とにかく根性は負けません。根上も読み方を変えればコンジョウですからね」

1・9
ヤンキースとの正式契約に、ニューヨークへ。「いよいよ近づいてきたという心境。ヤンキースのユニホームに初めて袖を通す瞬間が楽しみ」。ニューヨーク到着後、すぐさま米同時多発テロで崩壊した世界貿易センタービル跡地を訪れ、犠牲者を追悼。広報担当者を通じ「いまだに、ここであゝいうことがあったとは信じられない。これからここに住む人間として、忘れないようにしたかったから」とコメント。

1・11
ジャイアンツを退団した新庄剛志が、メッツ復帰に合意。

1・14
ヤンキース入団発表。背番号は、巨人時代と同じ「55」。「最高に幸せな一日になった」。松井の入団発表は、ニューヨークの各紙も「ビートルズが1964年にやってきて以来の騒ぎ」（デイリー・ニューズ紙）など、大きく報道。

1・16
米国から帰国。「行くときは興奮していたけれど、帰りは落ち着いてゆっくり寝られました」

1・19
自主トレを再開。「例年より遅れているけど、焦ってもしょうがない。徐々に上げていきたい」

2・1
川崎市のジャイアンツ球場で、国内での最後の自主トレ。「10年前に巨人の新人合同自主トレに来たときを思い出す。心境的には近いものがあります」

2・3
成田空港から出国。「どんなことがあっても我慢強く、前向きな気持ちで頑張りたい」。ニューヨークに到着すると、「今回は本格的に野球をしに来て、シーズンが終わるまで帰国することはない。そういう意味では、身が引き締まる思いです」。

2・5
木田優夫がドジャースとマイナー契約。

2・10

キャンプ地のフロリダ州タンパに移動。「芝生がきれいで気持ちがいい。体の状態次第ですが、(11日から)フリー打撃をやりたい」

2・11

フリー打撃を開始。初のさく越えに、アルフォンソ・ソリアーノらが「イチゴー(1号)」と叫ぶ。「今までテレビの中だけの存在だったが、チームメートだなあという実感がわいた」

2・14

ヤンキースの永久欠番「44」で、1970年代を中心に活躍した元スター選手、レジー・ジャクソン氏が臨時コーチとして参加。松井の打撃に「彼は本塁打も打ち、打点も稼ぐ、勝利に貢献できる選手になれる」と絶賛。「偉大な先輩です」と松井も感激。

慣れぬ打撃練習　素振りで原点確認　2003・2・25

キャンプインから約1週間。実は、3日目の朝ぐらいまでは起きるのがつらかった。体がバリバリでね。巨人のときもそうでした。ユニホームを着てみんなと一緒にグラウンドに立つと、気持ちが張り詰めるんでしょう。どれだけ自主トレーニングを積んでいっても、必ずキャンプ序盤はきつい状態になるんです。

その体の張り具合が、例年よりもひどかった。いつもと違う緊張感があったのかもしれません。

練習のペースはかなりつかめてきました。全体的にそんなにハードではない。ただ、すべての面でペースが速いのは確かですね。まず日本のような着替えタイムがない。水も飲めない。日本ではアップ（準備運動）が終わったら、まず着替えでしたからね。

そのアップの短さにもびっくりさせられます。「いいの、これで？」という感じ。球場入り前に多少やっていかないとだめですね。

そんな中でも、特に慣れるのに時間がかかりそうなものがフリー打撃。とにかく、投球テンポが速いんです。

日本と違って、自分のことを意識できる時間があまりにも少ない。打って構えて、打って構えて、という感じですから。だから、ぼくはあれを、自分の練習だとは思わないようにしています。日本ではじっくり打ち込むフリー打撃によって練習で確認したいことの多くを済ませられた。でも、こっちでは、この練習に固執しない方がいいと考えています。

では、その分を何で補うか。一人でできる練習が一つだけある。素振りです。これが最も自分のことを意識しながら取り組める練習なんです。

意識を100パーセント、自分自身に集中できるのが素振りです。ティー打撃やトス打撃になって初めてボールが登場し、そのボールの方に意識が移っていく。緩い球なら、まだ自分のことを意識できるパーセンテージが高い。それがだんだん速くなると、ボールに対する意識が強くなってくる。そのときにちゃんとした自分のメカニズムを持っていないと、絶対にいい打撃はできません。

素振りを繰り返すことによって、自分のメカニズムをつくり上げる。原点に戻った練習を常にしておかないと、ボールに相対したときにパニックになっちゃう。こっちに来て、素振りの大切さを改めて感じています。

自分のペースで打つことができないフリー打撃は、より実戦に近い形式ということになるのでしょう。試合と一緒で、投手が主導権を握っていると考えればいいわけです。それはそれで意味のある練習でしょうし、実戦を通じた調整を大切にする米国らしいやり方だと思い

ⓒ森井英二郎（朝日新聞社映像本部）　New York Yankees

ます。

ところで、そのフリー打撃では現役投手とも対戦しています。抑えのエース、マリアノ・リベラのカットボールはやっぱりすごい。外角のボールだと思った球が、ククッと曲がってストライクゾーンに入ってきた。あんなボールは初めて見ました。まだ全然マジじゃないんでしょうけど、常に150キロぐらいのカットボールを投げられているという感じですよ。

マイク・ムシーナが初球から変化球を投げてきたのにも面食らいました。バーニー（ウィリアムズ）なんか「次はナックルカーブ」というサインを送られ、「オー、ノー……」とうなだれていた。縦にピヨーンって落ちる感じだからね。バーニーはバットを振らずに見送ってばかり。周りから「打てよ」と責められ、「ノー、ノー、フォアボール」なんて言っていましたよ。

2人からはほとんど打てませんでしたが、この時期だから気にしてはいません。逆にすごいボールを見て危機感を持てたことを、プラスに考えていきたいですね。

松井秀喜をめぐる主な出来事

2・17
自主トレ終了。18日からキャンプイン。「いよいよ、という気持ち。楽しみだし、興奮している」

オリオールズのスティーブ・ベクラー投手（23）が、キャンプ中に熱射病がもとで急死。服用していた減量薬との因果関係が指摘される。

2・18

フロリダ州タンパのレジェンズ・フィールドでヤンキース野手組がキャンプイン。日本の民放テレビ局が球場から生中継。チーム関係者も「練習を生中継するのか」と驚きの表情。初日の練習を終え、「まだ楽しむ余裕はない。と言って、緊張もしてなかったですよ」。

2・20

守備練習で、日本ではほとんど使用しなかったサングラスを着用。大リーグで増えるデーゲームに対応するため。「まだ慣れないけど、大丈夫でしょう」

快音　予想超えた　2003・3・7

フロリダは最近、曇り空が多い。青い空のイメージが強かったから、ちょっと意外でした。雨が降って少し肌寒いかなと思うと、急に蒸し暑くなったりもする。体調を崩しがちですが、ご心配なく。ぼくはとても元気です。

体調維持の秘訣《ひけつ》とまではいかないけど、最近のお気に入りはお風呂なんです。ご存じのようにこっちはバスタブが浅い。ぼくが借りているコンドミニアムのお風呂もそうです。でも、レジェンズ・フィールドのクラブハウスにあるジェットバスは、深さもあって、なかなかいいんですよ。

3、4人は入れる大きさだけど、選手だと体が大きいから2人でいっぱいになるかな。ここに1人でゆっくりつかるのが最高なんです。思わず目をつむって、くつろいでしまう。やっぱり、日本人ですからね。

クラブハウスではマッサージも受けられます。日本のように全身をくまなくやるのではなく、張っている部分を重点的にほぐしてくれる感じですかね。

日本では個人的にお世話になっていた先生もいますが、こっちではそうもいきません。し

2003年２月27日、オープン戦初戦（対レッズ戦）３回の第２打席で、
右翼席に２点本塁打
Ⓒ森井英二郎（朝日新聞社映像本部）　New York Yankees

かも、メジャーのシーズンは162試合の長丁場。長距離移動も日本とは比べ物にならないほど多いですからね。体のケアには今まで以上に気を使うようにしています。

自然と球場にいる時間が長くなります。一日があっという間に終わる感じで、全然余裕はありません。なかなか自分の時間が持てないけど、部屋でパソコンを開いたり、本を読んだりする時間も大切にするよう心がけています。

携帯電話は一応持っています。でも、番号を教えていないから、あまりかかってきません。携帯が鳴らない生活がこんなに快適だったとは、という感じですね。日本にいるときはちょっと電源切っているだけで、メッセージが十何件もたまっていたりした。聞く気もなくなりますよね。

寝るときには携帯の電源を切っています。最初は目覚まし時計が鳴る前に起きちゃったりしたけど、最近は熟睡してますね。時計は2つ。1つは元のスイッチまで切らないと、何度でも鳴るやつです。枕は日本から持ってきたし、ベッドの柔らかさも気にならない。睡眠に関してはまったく問題ないですね。

オープン戦が始まって1週間。第1戦からホームランを打てるなど、予想以上のスタートを切れた。ホッとした部分はやっぱり、あります。日本から、祝福のメールをたくさんもらいました。

いい結果が早めに出たことで、自分のペースを保っていくことができます。やっぱり周囲の人たちがみんな、松井という選手はどのくらいできるのかな、という目で見ていると思う。本塁打1本で認めてもらえるほど甘くはないけど、多少なりともこういう選手なんだ、というのを分かってもらえたら、やりやすくなりますよね。

うまく言えませんが、そういう意味ではすごく良かったと思います。

ただ、打てない時期も必ず、来る。今は自分のやり方を大切にしているし、周囲も尊重してくれている。でも、調子が落ちたら周囲も気を使い、こういう練習をやろうとか、自分のペースを貫けなくなるときが絶対に来るでしょう。

そういうときをまた、どうクリアするか。それがとても大切だと、ぼく自身は思っています。

松井秀喜をめぐる主な出来事

2・24

初の紅白戦。主力組の5番左翼手で先発出場。1回の第1打席は一ゴロ。4回の第2打席は右飛で、初安打は出ず。「緊張？　打撃より守備の方がね」。これまでの野球人生でほとんど経験してこなかった左翼守備を無難にこなし、ほっと一息。夕方、健康診断で見つかった虫歯の治療。翌日の練習中に、「怖かったか？」と尋ねたジョー・トーリ監督に、「怖かったです」と答え、爆笑を誘う。

2・25
紅白戦を欠場し、1時間を超える打ち込み。

2・27
オープン戦初戦。レッズ戦に5番左翼手で先発出場。3回の第2打席で右翼に2点本塁打。「ユニホームも周りもファンも変わり、違和感は感じていた。でも、打席では集中できました」

2・28
フィリーズとのオープン戦に4番左翼手で先発出場するが、3回終了後、降雨ノーゲームに。

3・1
フロリダ州キシミーでのアストロズとのオープン戦を、予定通り不参加。タンパで軽く練習をこなす。「米国に来たら、ホームランバッターとしての力はないと思う。今の時点では、中距離打者だと思う」

ドジャースとマイナー契約した木田が、フロリダ州オーランドからベロビーチに向けて車を運転中、衝突事故に遭い、つま先を骨折。同乗の球団通訳がひ臓を摘出する重傷。

3・3

ブルージェイズとのオープン戦に5番左翼手で先発出場。5回の第3打席で右越えの3点本塁打。「相手投手の情報がほとんどないので、直球にタイミングを合わせている」。打った球はカーブだが「自然に体がついていった」。

3・5

ブレーブスとのオープン戦で、クッションボールの処理を手間取るなど、左翼守備に不慣れな面をのぞかせる。「レフトはセンターと比べて打球が見づらい。もっともっと打球を受ける練習をしないといけない」

技術でパワーしのぐ　2003・3・14

バッティングの話をしましょう。

2週間ほど前、報道陣の皆さんに「ぼくは大リーグでは中距離打者だと思う」という話をしました。

これは現在の素直な気持ちです。

こっちの選手の打球を見ていると、先天的な違いを感じる。モンデシーの打撃練習なんて、打球の飛び方がまったく違う。体全体のパワーを感じると言うか、生まれながらにかなわないというものを感じる。

ソリアーノだって細身に見えるかもしれないけど、日本人にはない振りの鋭さを持っています。だから、あれだけ本塁打を打てる。三振も多いそうですけどね。あんなホームランバッターがいきなり1番にいたら、相手は嫌でしょう。

もちろん、打撃の良しあしはパワーだけで決まるものではありません。東洋人として、ここで生きていく方法がきっとあるはずです。例えば、それはしなやかさであり、技術ということになります。

パワーがあるからこその技術もある。バリー・ボンズ（ジャイアンツ）はあれだけの力があるから、ほとんどタイミングを取らないで振っていける。ぼくも日本にいるときは、根本的な考え方として彼の打法を採り入れようとしました。しかし、こっちで同じことをしていても勝負にならないと思うのです。

では、どんな打撃を目指すか。ひとつのカギは逆方向、つまりセンターからレフト方向への打球だと考えています。

日本では、ぼくはどちらかと言うと、センターから右方向への打者でした。いわゆる、プルヒッターです。しかし、今までのように、すべて自分の好きな形で打っていてはだめだと思うのです。

例えば、相手投手によって対応を考えていかなければいけないでしょうし、外角に広いストライクゾーンも攻略しなければならない。外角はやっぱり、日本よりボール2個以上広いという感じがする。高さに関しては昨季の日本が高めを取るようにしていたから、日本の方が高いように思う。

2ストライクまでは意識しないようにする。日本にいるときから外角いっぱいはあまり意識しなかったから。ただ、追い込まれたら食らいつかなくちゃいけないでしょうね。こればかりは慣れるしかない。それから、外角は取られる、という気持ちで臨んだ方がいい。

バットの材質についても考えなければならないでしょう。要はボールに合うかどうかの問題。こっちのボールは明らかに違う。特に投げるときに感じますね。革の質がツルツルで滑る。日本のボールはしっとりしていて手になじみますからね。大きさ、重さが違うように感じるのはそのせいかもしれません。

そのボールを打つにあたって、日本で使っていたアオダモのバットでは力負けしちゃうんです。ぼくはアオダモのしなりが好きだったんですけどね。ホワイトアッシュの方がはじきがいいような気がするので、しばらくはこれを使ってみようと思っています。

何かにつけて、今まで以上に頭を使い、柔軟な姿勢で対応する必要があります。そのためには、左方向へも強い打球を打てることが大切です。

そうやって打撃の幅を広げていく。周りより高い技術を身につけることで、パワーの差は縮められるはずです。本塁打も飛距離で勝負するのでなく、きっちりフェンスの向こうへ運ぶことをまず考えたいと思います。

「柔」で「剛」をしのぐ。まだまだ開拓の余地あり、です。

松井秀喜をめぐる主な出来事

3・6

父、昌雄氏と、石川・星稜高時代の恩師、山下智茂監督がキャンプ地を訪問。「表情が全然違う。野球少年みたいになっている」と昌雄氏。松井からの要望という日本そばや

2003年３月９日、デビルレイズとのオープン戦で、
５回に三塁打を放つ
©杉山晶子（朝日新聞社映像本部）　New York Yankees

岩のり、アロエジュースなどを差し入れ。

3・7
ツインズとのオープン戦で、初失策。5回の守備で、クッションボールの処理に手間取り、打者走者の三進を許した。「球が芝生の切れ目に当たり、回転が変わった。ちょっと雑に捕りにいってしまった」

3・9
デビルレイズ戦。4番左翼手で先発し、初の三塁打。「今までのような4番という感覚はない。(ジェーソン)ジアンビや(バーニー)ウィリアムズもそういう意識だと思う」

3・11
寝違えて首に違和感。タイガース戦を急きょ、欠場。「ちゃんと寝たつもりなんですがね。寝相も悪くないと思います」。ジョー・トーリ監督は「シーズン中だったらプレーできるだろう。スイングに悪い癖がつくといけないので、休むことを勧めた」。

3・12
レッズ戦で、初の3番左翼手で先発。3打数無安打。

バンキシャと食事会　2003・3・22

「ビート・ライター」という言葉をご存じですか?

いわゆる番記者と呼ばれる人たちのことです。日本でも巨人番、阪神番といった記者さんたちがいますよね。ほかにも政治なら首相番なんて言葉も聞いたことがある。

大リーグにも番記者がいます。ヤンキースの担当者は中でも、記事の内容などが最も手厳しいと聞いたことがあります。

先日、その彼らを誘って食事会をしました。

ぼくは日本にいたころから、報道陣の皆さんとよく食事に出かけています。それを知った彼らが「日本の記者としか行かないの?」「我々も誘ってよ」と言ってきたので、「いいですよ」ということになったのです。

場所はキャンプをしているタンパ(米フロリダ州)にあるイタリア料理のレストラン。参加者は各社1人で計9人。

日本の記者も普通のサラリーマンに比べたらラフな装いの人が多いけど、こっちの記者はキャンプ中は短パン姿が目立ちます。そんな彼らも、このときばかりは着替えてきましたね。

ネクタイ姿も1人いました。

ぼくより、ビート・ライターの皆さんの方がちょっぴり緊張気味だったのかもしれません。と言うのも、大リーグでは、選手と記者が一緒に食事するなんて考えられないそうなのです。例えば、ヤンキースなら三塁手のロビン・ベンチュラが最も報道陣とフレンドリーというこどですが、それでも一緒にどこかに出かけることはないと言います。

選手も記者も、お互いのプライベートを大切にするという考えが根本にあるからなんでしょうね。「ぼくは全然構いませんよ。またやりましょう」と言ったら、驚いていました。

彼らも気を使ってくれて、食事会で出た話は記事にしないというルールをつくったと言っていました。だから、ぼくが詳しい内容を紹介するわけにはいきませんが、お互いを知るために有意義な時間でした。

ぼくはいろんな人と一緒に食事をし、野球に限らずさまざまな話をするのが好きです。記者の人と出かけるのもそのためという面もある。ぼくが打てないときなどは思う存分に悪く書いてもらって構わないし、彼らにもその考えは伝えました。一緒に食事をしたからって、気を使ってもらいたくないですからね。

普段の質問などは日米で大きな違いはない。日本の記者より少し強引にいろんな因果関係を結び付けようとするぐらいかな。例えば父親が観戦した試合で打てば、「父が来ていたからいい結果が出たのか」といった具合です。同じ質問が続いたら、通訳のロヘリオに「さっきと一緒」と伝えて同じ答えをしてもらう。そんなコツもつかんできました。ニューヨーク・タイムズの女性記者はちょっと変わっていました。日本に住んだ経験があるらしく、「こっちは上下関係の区別がないけど違和感はない？」といった質問をしてきました。「あります」と答えましたよ。監督や先輩選手をファーストネームで呼んだりはなかなかできないですからね。

「ジーターとオーナーの確執」「ウェルズの暴露本」といったゴシップ記事も日本に負けないぐらい多いようです。

まだ直接コミュニケーションを取れないのが残念ですが、ビート・ライターの皆さんとも、いい関係を築いていきたいと思っています。

松井秀喜をめぐる主な出来事

3・13

レッドソックス戦の4回に右中間を破る適時三塁打。「結果が出ると、前向きな気持ちになれるね」。試合は、今季初めてニューヨークでもテレビ中継。

カージナルスの田口壮が、マーリンズ戦でメジャー初の本塁打。

大リーグのバド・セリグ・コミッショナーがニューヨークで講演し、２００４年アテネ五輪の野球に大リーガーを派遣しないとの見解を示す。

3・14

デビルレイズ戦に4番左翼手で先発し、初めてフル出場。4打数2安打。「日本では当たり前だったことだけど、久しぶりですからね。いいな、と思った」。2試合連続の2安打で、出場したオープン戦10試合の打率は、3割5分5厘に。

3・16

アストロズ戦に5番左翼手で先発。7回の第3打席で、早い段階で止めたバットがスイングを取られる。「あれぐらいでも、こっちは取られるという認識を持ちました」

3・18

タイガース戦で初めて4番指名打者で出場。3号ソロ本塁打を含む2安打。

米国の対イラク武力行使が現実的となり、東京ドームで25、26両日に予定されていた大リーグ開幕戦、アスレチックス―マリナーズ戦が中止に。

「自分たちの身の危険、国民の命にかかわるようなことですから、ちょっと重いです。流れに任すしかない」（イチロー）

「非常に残念です。家族も自分もチームのみんなも日本でやることを楽しみにしていた

のに」（佐々木主浩）

「ロサンゼルス在住の家族も来ていて、荷物をまとめて待っていた。だが、日本に出発してから中止が決まりゲームがない、では困る。残念だが仕方ない」（長谷川滋利）

いよいよスタートだ　2003・3・30

鳥のさえずりが、今日も心地よく聞こえてきます。キャンプ地のフロリダ州タンパに来てから、約1カ月半。毎朝、散歩を続けてきました。

日本では早起きが苦手だったぼくですが、ここには、つい散歩をしたくなるような環境があります。宿舎近辺を15分ほど歩くだけですが、体はもちろん、心が目覚めてくるような気がして、とても気持ちがいいのです。

ずいぶん日にも焼けました。いよいよタンパを離れ、1年目のシーズンの開幕を迎えます。あっという間に毎日が過ぎました。一日一日が本当に早かった。日数的には巨人の宮崎キャンプに比べて倍近いけど、とても早く過ぎたという印象です。キャンプイン当初は、やっぱり緊張していましたね。

日本流に慣れていたから、例えば休日が1日しかなかったのは多少きつい面もあった。でも、練習時間が短いし、本当に練習だけの期間は10日ぐらいしかない。オープン戦に入ったら出場しない日が3日に1回ほどあって軽い練習だけであがることができる。そういう意味では日本と同じような感覚でした。

ただ、気持ちの面ではやっぱり大きく違うものはあった。

周囲がみんな、松井秀喜はどういうプレーヤーかを見たがっている。自分の中で結果を求めた部分もあります。だから、オープン戦初戦の本塁打はすごく大きかった。あれで気分的に、かなり楽になりました。とても意味のある一発だったと思います。

普段の生活やコミュニケーションなど、野球以外での不安は、大体払拭《ふっしょく》できました。野球に関する準備も最善は尽くしたつもりです。自分に関する不安はほとんどなくなりました。不安があるとすれば、相手投手に対するものです。そのあたりを試合の中でどう対応していけるかですね。

バッティングに関しては、日本ではホームランの延長がヒットという意識でしたが、これからはヒットの延長がホームランということになるでしょう。

昨年までは打球に角度をつけるためボールの下を打つことを考えていたけど、今はまっすぐボールをたたくよう心がけています。打球方向も引っ張り過ぎないよう、左右に打ち分けるようにしていきたい。そうやって、練習から意識を変えて取り組んできました。

そうしないと、ほとんどが初めて対戦する相手投手に、対応していくのは難しいからです。もちろん、これから環境の中で、また意識も変わっていくかもしれませんが。

とりあえず、今年は本塁打にはこだわらないつもりだし、本数は想像できない。打率も3割を残せれば十分でしょうが、目標を立てるのは難しい。ただ、打者というのは打率をある

2003年３月19日、インディアンスとのオープン戦で、
試合終了後にナインとあいさつ
©杉山晶子（朝日新聞社映像本部）　New York Yankees

程度保っていると焦りが出なくなるものです。「ヒデキは3割を目標にすればいい」とジェーソン（ジアンビ）が言っていたそうですが、自分でもそのあたりは大切にしていきたいと思っています。

ところで、最近、レジェンズ・フィールドに「私を野球に連れていって」の歌が流れなくなりました。

イラク戦争が始まった19日から、7回裏の攻撃前には愛国歌「ゴッド・ブレス・アメリカ（米国に神の加護あれ）」がかかるようになったからです。

このときばかりは球場の雰囲気が一変します。空気がピーンと張りつめたような感じと言うのでしょうか。米国に来たばかりでよく分からない部分はあるけれど、きっと、いつもの年とは違う雰囲気もあるのでしょう。

ぼく自身は、正直に言って、日本人の感覚が抜けていません。テレビでニュースを見ていても「ああアメリカは戦争しているんだな」という感じで、自分が今いる国という感覚があまりない。

戦時下での開幕も、一つの経験と言うには、あまりにも重過ぎる出来事です。一つだけ言えることは、皆さんと同じように、ぼくも、いつも平和を願っているということです。

もちろん、周囲の状況がどうであれ、ぼく自身が野球に集中し、精いっぱいプレーすることに変わりはありません。

いよいよ、長いシーズンのスタートです。

開幕戦の第1打席。高校時代に初めて甲子園の打席に立ったとき以来、経験していない足の震えがくるかもしれない。そんなことを考えた時期もありました。でも、今はもう、きっと大丈夫だろうと思えるようになりました。

好スタートを切れるに越したことはないけれど、打てなくても自分を見失わないようにしたい。自分の結果によって焦ったところで何もいいことはない。今までの経験でそれは分かっている。

思えば、渡米したころは開幕メンバーの25人に入れるかどうかも不安だった。

チームメートでも相手の選手でも、自分より明らかにレベルの高いものを見ると、やっぱりすごいなあ、と素直に思う。パワーなんかは、特にそう。この部分ではまともに勝負はできないな、と考えた。日本でそんなことを感じることは、ほとんどなかったから。

だから、他人と自分を比較してはいけない。自分は自分のできることに集中した方がいい。だんだん、そう思えるようになっていった。自分もこういう方向を目指そうなんて思ってはだめ。ただ自分のできることに集中すればいい。

そうやって自分なりに、一歩ずつ階段を上がってきたつもりです。

これからも、例えば、スタメンから外されることがあるかもしれない。それも貴重な経験です。自分に結果ばかりを求めるようなことはせず、いつも前向きに、粘り強く、ぼくらしくやっていきたいと思っています。

松井秀喜をめぐる主な出来事

3・22
ツインズ戦で初めての5番中堅手で先発。3試合目のフル出場を果たし、8回には初盗塁も記録。「警戒されるとぼくの足では厳しいが、相手にすきがあるときは行けます」。松井は2003年レギュラーシーズンで2盗塁だった。

3・23
休養日の予定だったが、午前11時過ぎにグラウンド入り。ウエートトレーニングなどで汗を流す。「確かに、何日かの候補の中から自分で選んだ休養日。練習しなくていい日だと聞いています。でも、21日に休んだばかりで疲れていないし、汗を流した方が気分的にいいから」

3・25
ヤンキースの開幕戦の陣容がほぼ決まる。1番アルフォンソ・ソリアーノ、2番デレク・ジーター、3番ジェーソン・ジアンビ、4番バーニー・ウィリアムズ、5番松井。

「この打順のままでいくだろう。6番以下はいろいろと動かすことになるが」とジョー・トーリ監督。

3・26

ナイター開催のデビルレイズ戦に5番左翼手で先発。2回に1イニング2安打を記録。トーリ監督も「初めて会ったときに、彼とはうまくやっていけると思ったが、その通りになった。付き合いやすいし、ユーモアのセンスもある。チームの連中も、彼とのプレーを楽しんでいるよ」と絶賛。

3・27

ブルージェイズ戦で、3試合連続の2安打。長打は7試合出ていないが、「本塁打を欲しがると強引になる。ヒットが出ていれば、間を抜けることも、フェンスを越えることもある」。

第2章
レギュラーシーズン開幕

内角速球は当分捨てる　2003・4・7

1年目のシーズンがいよいよ始まりました。

初打席、初安打でスタートできたけど、感慨に浸っている余裕は全然ない。それどころか、もう忘れかけていると言っていいかもしれません。

自分のバッティングに、まだ自信が持てていないのです。そこからやり直さなければいけないと考えています。

今心がけているのは、引っ張る意識を持たない、ということです。

結果的に、緩い球を右方向へ持っていくのは構わない。カーブを打った4日の右前安打がそうです。でも、最初からライト方向に強い打球を打とうとは思わない方がいいと気づいたのです。

その意識は、特に右投手と対戦するときに大切になります。こっちの右投手は、引っ張れる球がほとんどない。ストレート系の球も外へ沈むように逃げていく。いわゆるシンカー系のボールです。その投球に対応するためには、ボールの内側をたたくという意識が今まで以上に必要だと感じます。

以前、左方向への強い打球が大切になるという話をしましたが、打球方向という結果だけでなく、打席での意識、アプローチから変えていかなければならないと思っています。日本にいたころとは、まったく違う意識ということになります。理想としては開幕3戦目で打った左翼フェンス直撃の二塁打。あんな打球を打ち返せれば、自分の打撃の幅がかなり広がっていくと思うのです。

内角の速球は当分、捨てていくつもりです。その対応が課題になるのは次の段階だと思う。

今はおそらく、内角に投げなければ長打はない打者というデータが相手にある。ジェーソン（ジアンビ）やバーニー（ウィリアムズ）のクラスになると、外角一辺倒ではスタンドに持っていかれると思っているでしょうけど。

外角を逆方向にしっかり打ち返せるようにならないと、なかなか内角に投げてくれないでしょう。ストライクゾーンが外に広いこともあるし、まずはその攻略が課題になる。

バッターボックスで立つ位置を変えるつもりはない。あくまでも自分の打撃、意識を変化させることで、適応していくつもりです。そうして自分なりにマイナーチェンジを繰り返しながら、徐々に良くなっていければいいと考えています。

ヤンキース打線は本当に迫力がある。1番のソリアーノから、モンデシー、ベンチュラまで打ちまくる。周りが打つのはこのチームなら当たり前のことだし、それによる焦りはまったくない。

ただ、チームに迷惑はかけたくない。ぼくが打てなくて負けるような試合が続いたら、打順が下がったり、先発を外れたりすることも仕方がないでしょう。心の準備はできています。もちろん、そうならないのが一番ですけどね。日本で築いた実績などは蔵にしまってカギをかけ、ぼくはここでのスタートを切った。最初から打てるとは思っていなかったし、そこでもがきながら、また、はい上がっていく。それが楽しみでもあるんです。

松井秀喜をめぐる主な出来事

3・29
フィリーズとのオープン戦最終戦に、5番左翼手で先発。3打数無安打。ヤンキースはキャンプ終了。

3・30
イラク戦争下で、大リーグが開幕。

3・31　ブルージェイズ　○8－4
今季開幕戦。「緊張するかと思ったけど、そんなことを考えさせてもらえない場面でし

2003年4月2日、ブルージェイズ戦でフェンス直撃の二塁打を放ち、
ドン・ジマー・コーチに笑顔で迎えられる
Ⓒ飯塚晋一（朝日新聞社映像本部）　New York Yankees

たからね」。1回表2死一、三塁。初打席の初球を初安打し、球団創設101年目を迎えたヤンキースの今季初得点をたたき出した。一塁ベースで、リー・マジリ・コーチから「記念にボールをもらうか?」と聞かれ、「プリーズ」。

中心選手の遊撃手デレク・ジーターが左肩を脱臼。

ドジャースの野茂英雄が、ダイヤモンドバックスとの開幕戦で完封。

4・1　ブルージェイズ　○10－1

連日、打点をマーク。本塁打を期待する声に「意識し過ぎると、逆に良くない。今の自分のアプローチの中で出てくれればいい」。

4・2　ブルージェイズ　○9－7

1回1死一塁で左翼へ大飛球を放つが、わずか数センチ及ばず、フェンス直撃。「日ごろの行いが悪いのか、ちょっと足りなかったですね」。ヤンキースが敵地で開幕3連勝したのは61年ぶり。

4・3

ドジャースの石井一久が今季初登板で黒星。

4・4　デビルレイズ　○12－2

4試合連続安打。続く4打席を連続凡退し、「その後が全然だめだけどね」。カブスのサミー・ソーサが今季第1号を放ち、大リーグ18人目の通算500本塁打に到達。現役では、ジャイアンツのバリー・ボンズに続く2人目。マリナーズの佐々木が今季初セーブ。エクスポズの大家友和が今季初黒星。

4・5　デビルレイズ　●5－6

1試合で3本のバットを折る。「初めてでしょう。2本だって珍しいんですから」ドジャースの野茂はパドレス戦で1敗目（1勝）。

ヤンキースタジアム、これ以上の舞台はない　2003・4・19

ヤンキースタジアムには、この球場にしかない空気が流れています。

地元開幕戦は季節外れの大雪で1日遅れ、当日も試合前はグラウンドで練習できなかった。ぶっつけ本番でしたが、レフトの守備位置へ行ってフェンスの様子などは確認しました。お客さんが入ったときの迫力もすごいけど、無人のヤンキースタジアムにも、何とも言えない雰囲気があります。

80年にも及ぶ歴史や伝統。伝説の選手がたくさんプレーし、数々の名勝負が繰り広げられた。そんな重みがあちこちに詰まっているような感じがするのです。

そもそもスタジアムの形状がいびつです。日本では考えられないような形になっている。バックスクリーンが変な方向を向いているし、日本のように、きれいに左右対称にはなっていない。その昔は左中間がもっと深かった、というから驚きです。「デスバレー（死の谷）」と呼ばれていたそうです。

でも、それが不思議なバランスというか、魅力になっている。

ぼくは1999年10月、この球場でプレーオフ、ア・リーグ優勝決定戦の第2戦を観戦しました。

相手はライバルのレッドソックス。逆転、逆転の末にヤンキースが3－2で競り勝つ好試合で、ヤンキースはティノ・マルティネス（現カージナルス）、レッドソックスはノーマー・ガルシアパーラの両4番に一発も飛び出しました。

そのとき、思ったんです。ここは決して、やさしい場所じゃない。あこがれだけでプレーできるような、そんな簡単な場所じゃない、と。

でも、その場所で勝負して、自分の力を出し切ったときには、ほかでは得られない選手としての幸福感にきっと包まれる。ヤンキースタジアムへの思いが、ぼくを大リーグ挑戦に動かしたという部分はあるのです。

振り返ってみると、ぼくの心の中にメジャーへのあこがれが芽生えた最初のきっかけは、ベーブ・ルースの存在だったように思う。

子供たちに最も愛された選手であり、本塁打にこだわり続けた人でもある。あの時代としてはけた違いの数字を残し、野球そのものを変えたとまで言われる。飛び抜けた、特別な存在。今のバリー・ボンズすら比較対象にならないほどの存在だったんでしょう。

ジョー・ディマジオ、ミッキー・マントル、ロジャー・マリス……。みんなそれぞれが魅力的だけど、やっぱりぼくの中ではルースが一番です。その彼が活躍したことによってつくられ、「ルースの建てた家」とも呼ばれているのが、このヤンキースタジアムなんですよね。

8日のツインズ戦で5回、バーニー（ウィリアムズ）が敬遠されて満塁になったとき、正直言って「すごい場面だな」と思いました。でも、後は打席で集中することだけを考えていた。打席で集中した分、本塁打を打った後にベースを1周している間は、何とも言えない不思議な感覚に襲われました。体が半分浮いているような感じとでも言うのでしょうか。

高校時代に初めて甲子園のグラウンドに立ったときも、すごい感動があった。でも、それとも違う。ここでしか味わえない感覚がやっぱりありました。もちろん、それはスタンドで観戦したときのものとも、まったく異質のものでした。

ヤンキースタジアムのパワーとでも言うのでしょうか。自分だけの力じゃないような気がするのです。それが数々の伝説によるものなのか、ファンの大声援によるものなのかは分かりません。ただ、ここ一番の場面で、みんなの力が、ぼくを後押ししてくれるような感じがするのです。

野球選手として、これ以上の舞台はない――。それが実際にプレーした上でのぼくの感想です。

これから何十、何百試合とプレーすることになりますが、今の感動、気持ちをいつも忘れないでやっていきたいと思っています。

「ルースの建てた家」と呼ばれるヤンキースタジアム
AP/WWP New York Yankees

松井秀喜をめぐる主な出来事（☆印はホームゲーム）

4・8　☆ツインズ　○7－3
本拠ヤンキースタジアム開幕戦。メジャー初本塁打を満塁弾で飾る。「長いと言えば、長かった。そう簡単には出ないと理解していたけれど」
ヤンキースタジアムデビュー戦で満塁弾を放ったのは史上初。日本人大リーガーでは、39本目の本塁打。満塁弾は2002年5月17日、7月2日の新庄以来となる3本目。開幕から7試合連続安打もマーク。

4・10　☆ツインズ　○2－0
初の1試合3安打。「日本で言えば、猛打賞。固め打ちができるのはいいことだし、やっぱりうれしいですね」。打率は3割1分6厘に。
ドジャースの野茂がジャイアンツ戦で2敗目（1勝）。

4・11
エクスポズの大家が今季初勝利（1敗）。

4・12　☆デビルレイズ　○5－4

4－4の9回裏1死満塁から、初のサヨナラ打。「あそこで打てないと、今日は球場から出られないかな、と思いました」

4・13　☆デビルレイズ　●1－2
マリナーズの佐々木が救援勝利で今季初勝利（1セーブ）。

4・14　☆ブルージェイズ　○10－9
第4打席にメジャー2号本塁打。ヤンキースタジアムの3階席に飛び込む特大の3ランに「完璧でしたね」。
マリナーズの佐々木が2セーブ目（1勝）で、日米通算350セーブに。

4・15　☆ブルージェイズ　○5－0
2点リードの6回。ジョー・トーリ監督から出たヒット・エンド・ランのサインに、三ゴロの進塁打。「去年までとは立場、役割が全然違うからね」
ドジャースの野茂がパドレス戦で3敗目（1勝）。
マリナーズの佐々木が3セーブ目（1勝）。

4・16 ☆ブルージェイズ ●6－7
ドジャースの石井が今季初勝利（1敗）。
エクスポズの大家が2敗目（1勝）。

4・17 ☆ブルージェイズ ○4－0
6回無死満塁で打順が回ると、スタンドから大歓声。期待に応える2点二塁打を放つ。
これで、満塁で迎えた打席は5打数3安打。「偶然としか言いようがない」

相手投手に集中すれば緊張することはない　2003・4・30

ぼくは打席であがった経験がほとんどありません。

生まれつき度胸がいいのかもしれませんが、やっぱりこれまでの経験が生きているのだと思います。だって、小学校時代から考えると、いったい何回打席に立ってきたことでしょう。小さいころからの積み重ねが、ぼくを強くしてくれているのだと思います。

4月8日のヤンキースタジアム初戦、満塁本塁打を打った場面もそうでした。正直言って、よく覚えていない部分もあります。でも、緊張したという感じはなかった。自分の気持ちのコントロールは、しっかりできていたと思います。

ここで打ったら、逆に打てなかったら、などと結果を考えることもあります。でも、大抵の場合はそのときの状況を把握し、どう対処していくかということに自然と集中していける。素振りをして、打席の中で足場を固める。そうしたルーチン（決まり事）をこなしながら、とにかく相手投手のことだけを考えます。

日本では数年前から、右投手なら右ひざを見てタイミングを取るようにしていました。ひざが折れたらスイングを始動させるようにしていたのです。ところが、こっちの投手は足の上げ方や下半身の使い方がまちまちでこの方法は使えません。

ベンチやウエーティングサークルで相手投手の投球モーションを研究し、自分なりに逆算する。このあたりで始動すればちょうど合うかな、という感じで計算することで、今のところは対処しています。どんな場面でも、その点だけに意識を集中していけば、変に緊張することもありません。

ところで、あのときのバットが先週からクーパーズタウン（ニューヨーク州）にある野球殿堂博物館に展示されているそうです。ヤンキース入団1年目の選手がヤンキースタジアムの初戦で満塁本塁打を打ったのは史上初だから、というのが理由だと聞きました。自分のバットがクーパーズタウンに飾られる。ちょっと考えられないぐらい、光栄なことです。

ぼくは１９９９年のオフ、ニューヨークに来たときに1度だけ、「野球生誕の地」と言われるこの町を訪ねたことがあります。殿堂博物館には興味深いコーナーがたくさんあったのをよく覚えています。

ぼくの大好きなベーブ・ルースのコーナー、「フィールド・オブ・ドリームス」「メジャーリーグ」といった映画コーナー……。日本プロ野球のコーナーもあって、通算４００勝の金田正一さんのグラブ、１０６５盗塁の福本豊さんのスパイクなどが展示されていた。日米を代表するホームラン打者であるハンク・アーロンさんと王貞治さんの展示も印象深かったですね。

すごくスケールが大きくて、とても1日では回り切れないな、と思いました。殿堂博物館の周りには野球グッズなどの店が並んでいて、すぐ近くに美しい湖がある。こぢんまりとしていて、静かで、のんびりしている。とてもすてきな町でした。

そのときはニューヨークから日帰りで行ったので、残念ながら、博物館をゆっくり回り、すてきな町でのんびりするというわけにはいきませんでした。

自分のバットが展示されているうちに、また、ぜひ行ってみたいですね。

松井秀喜をめぐる主な出来事

4・18　ツインズ　○11－4

1試合で2つの見逃し三振。「厳密に言えば、ボール。ホームベースの上を通っていない」と松井。だが、ベースからかなり離れていたように見えた球にも「あれをストライクに取るということですから、追い込まれたら手を出さないといけない」。

4・19　ツインズ　○4－2

松井とともに大型ルーキーと期待され、キャンプ時から比較され続けたキューバの元エース、ホセ・コントレラスがマイナー落ち。

マリナーズの佐々木が救援失敗（1勝3セーブ）。

4・20　ツインズ　○8－2

当初は欠場の予定で、今季初めてスタメンを外れたが、6回にプロ初の代走で出場。その後の守備にも出て、巨人時代の1993年8月22日からの連続試合出場は途切れず。ジョー・トーリ監督は「松井は長い間、毎日出場してきた選手。疲れの色は見えないし、これからも連続で試合出場するってことでいいんじゃないか」。

ドジャースの野茂が大リーグ100勝に到達。

マリナーズの長谷川が今季10試合目の登板で救援勝利。佐々木が4セーブ目（1勝1敗）。

4・21　ツインズ　○15－1

チームは14安打で15得点の快勝も、松井は5打数無安打で、連続試合安打が「7」でストップ。

4・22　エンゼルス　○8－3

前年の王者、エンゼルスと初対戦。2試合連続の無安打。

エクスポズの大家が2勝目（2敗）。

4・23　エンゼルス　○9－2
マリナーズの佐々木が、右腰の張りを訴え故障者リスト（DL）入り。

4・24　エンゼルス　●2－6
4打数2安打で、6試合ぶりの複数安打。「しっかりと振り切れた」

4・25　レンジャーズ　○3－2
長距離移動の強行軍。前日のアナハイムでの試合終了が午後10時。チーム専用機でテキサスに移動し、ホテル入りしたのが午前6時。移動直前には「あした、何とか元気に球場に行きたいですね」と話していたが、進塁ミスで併殺となる凡プレーも。
オールスター戦のファン投票始まる。

4・26　レンジャーズ　○7－5
ドジャースの野茂が3勝目（3敗）。

4・27　レンジャーズ　●7－10

初めて「先発・4番」で出場したが、5打数無安打。2試合連続で快音なし。ドジャースの石井が2勝目（1敗）。エクスポズの大家が3敗目（2勝）。

相手投手分からないだけ　調子は悪くない　2003・5・9

ぼくは今、シアトルに来ています。この街に来たのは初めてですが、気候のせいか、どこか日本の香りがしますね。

イチローさんとの対決が騒がれています。でも、ぼくに特別な意識はありません。イチローさんも同じじゃないでしょうか。お互いは、別に何とも思っていないと思うんですよね。日本の選手も、今はたくさんいるし。ただ、ぼくが子供のときに大リーグで日本人同士の対決があったら、それは倒れちゃうほど興奮したでしょうね。

イチローさんのすごさは、自分を正確に把握している、ということです。「自分がここまでできる」「これはできない」ということをしっかり把握していること。だから、「これはできる」という自信につながっているんだと思います。自分でコントロールできることと、できないことが分かっている、と言い換えてもいいかもしれません。それを淡々とやり抜いているところがすごい。それはプレーヤーにとって大事なことですし、ぼくが心がけていることでもあるんです。

イチローさんとは1996年の日本シリーズで対戦しているし、2002年シーズン後の日米野球でも対戦しています。けれど、ぼくにとっては、高校時代のイメージの方が強いですね。

ぼくの母校の星稜高と、イチローさんの愛工大名電高とは定期戦があったんです。初めて顔を合わせたのは、ぼくが1年生だった1990年。イチローさんは2年生です。翌年は雨で中止になってしまったんですが、高校時代のイメージは強烈に残っています。イチローさんは、あのときから天才バッターでしたね。母校の星稜高の野球部長も、「彼はプロに行くな」って言ってましたから。あれから13年。確かに、感慨深いですね。

ところで、ぼくの打撃について心配しているファンの方もいらっしゃるかもしれません。調子は決して悪くないんです。ただ、こちらの投手の質が高く、簡単に打てないというのが現状です。ぼくの実力がまだ、そのレベルに達していない。今日（5月7日）はホームランが出ましたが、甘い球が来れば対応できる、ただそれだけだと思います。

それと今、大リーグの投手に対して、ぼくは日本でやってきたことと同じような感覚でアプローチしていません。その変化も、ファンの方には調子が悪そうに見えるのかもしれません。ただ、この変化はぼくがこっちの投手に対応するための変化であって、今さまざまなことを駆使しながら対応しているところです。まだ対応しきれていないのは、ぼくの調子が悪いのではなくて、こちらの投手の質が高いということなんです。

先週、アスレチックスのハドソン、ジトという好投手と対戦しました。二人とも、決して

2003年４月29日、ヤンキースタジアムでのマリナーズ戦を観戦に訪れた
長嶋茂雄・元巨人監督と
©小内慎司（JS）　New York Yankees

すごいボールを投げているわけではないんです。だけど、非常にコントロールがいい。長打できるボールがほとんどないんですよ。それと、すべての球が平均以上で、持ち球のすべてを駆使して打者を料理している印象があります。メジャーの投手はみんな素晴らしいものを持っていて、この投手を打てたから、多少格下の投手は打てるだろう、というのは通用しません。球速も95マイル（約１５３キロ）を超えると無条件に速い。日本ではなかなか体験できなかったスピードだから。

セカンドゴロやファーストゴロに打ち取られるケースが多くなっています。甘いボールが来たと思って強くたたこうとすると、手元でボールが多少変化するためにゴロになってしまうんです。ストライクゾーンの違いも影響がありますね。外角に広いゾーンを、投手にしたら利用しない手はない。ストライクだし、なおかつそこへ投げておけば長打がないんですから。

だから外角球は、深追いしない方がいいですね。追い込まれたら外角球にも手を出さないといけないけれど、早いカウントから打たない方がいいと思います。ベースに近づくというのも外角球に対応する一つの手段ですが、それで自分の好きなインコースがおろそかになったら、意味がないと思うんです。

今言えるのは、ぼくがまだ相手を分かっていないということ。相手が分かれば、変化の軌道を読んで、強引に引っ張らずに、センターへ返す打撃ができるようになると思います。１

回対戦すれば、どういう球でやられたか、頭に入ります。メモは取らないけれど、記憶には自信があります。ハイレベルな投手や見たこともないボールと対戦して、これから自分がどうやっていけばいいのか。自分がまた成長していけるんだという楽しみがあるし、一番の課題でもあります。

松井秀喜をめぐる主な出来事

4・29　☆マリナーズ　●0－6

イチロー、佐々木、長谷川が所属するマリナーズとの初対戦は、4打数1安打。ジョー・トーリ監督は「イチローはスピードがあり、デビューした初日から特別な存在だった。松井はスピードはなくても活動的なプレーヤーだ。二人は日本の選手をリードしている。監督として二人を見るのは楽しみだね」。

マリナーズとの29日からの3連戦を長嶋茂雄・元巨人監督が観戦。「外角の厳しいところをピンポイントでメジャーの選手はついてきますから。あそこのさばきを身につけないと」と課題を指摘。朝日新聞のインタビューに「松井がぼくの夢をかなえてくれた」。ヤンキースは3、4月に通算で21勝6敗の絶好のスタート。

5・1　☆マリナーズ　○2－1
ドジャースの野茂が4敗目（3勝）。

5・2　☆アスレチックス　○5－3
4月の月間最優秀新人選手賞は、新人でトップの打率3割6分4厘を残したロッコ・バルデリ外野手（デビルレイズ）が受賞。両リーグ最多の22打点を挙げた松井は候補にとどまる。
エクスポズの大家が4敗目（2勝）。

5・3　☆アスレチックス　●3－5
前年15勝を挙げた右腕ティム・ハドソンと初対戦し、4打数1安打。第3打席の見逃し三振に「手も足も出ませんでした」と脱帽。

5・4　☆アスレチックス　●0－2
2002年のサイ・ヤング賞（最優秀投手賞）左腕バリー・ジトと初対戦。4打数1安打。「制球と縦に割れるカーブが素晴らしかった」。前日のハドソンに続き、リーグ屈指の好投手から1安打ずつ。「1日1本のヒットは出ているが、まだ捕らえきれていない感じです」

5・7　マリナーズ　○7−2

第3打席で、21試合、92打席ぶりとなる3号本塁打を右翼席に。「本当に忘れていた感触でした」

イチローは4回の守備で、右犠飛でタッチアップする三塁走者・松井に対し、無理と分かっていながらノーバウンドで捕手に返球。ファンサービスと言うが、「(松井を) 100パーセント意識していました」とイチロー。

ドジャースの野茂が4勝目（4敗）。

疲労回復は1に睡眠、2に食事　2003・5・17

チームは今、16連戦の真っただ中にいます。休日は1カ月に3日くらいで、どんどん試合をこなすのが大リーグの特徴です。疲労をためないことが、いいプレーを続けるポイントですね。松井流疲労回復法は、1番に睡眠、2番に食事でしょう。

8時間寝られればベストですが、平均7時間前後でしょうか。ナイターの翌日にデーゲームが組まれているときは5、6時間になってしまうこともあります。目覚ましを2個ぐらいかけて寝ますが、目覚めたときに「まだ寝たいなあ」と思うときは、やはり疲れが取れていないということなんでしょう。さすがにグラウンドに行けば、しゃきっとしますけれど。快適な睡眠のため、遠征にも特殊な素材でできた、頭にフィットする「マイ枕」は欠かせません。

食事は、やはり日本人ですから、ご飯が食べたい。和食、中華、韓国料理が中心ですね。でも、遠征では食べたいものが食べられないときがあります。こんなストレスは、生まれて初めてです。基本的にアメリカの食事は、日本と比べて体にいいとは思えません。これまでで一番厳しかったのは、テキサスへの遠征ですね。試合前にレトルトの白米をチンして食べただけで、米粒をあまり取れませんでした。

　後はお風呂ですね。ヤンキースタジアムには大きいバスがあるので、試合が終わったら入っています。ニューヨークのマンション選びも、ゆったりつかれる風呂の深さがポイントでした。

　チャーター機での移動は、ほっとできる時間の一つです。飛行機の中は、知らない人が入って来ない自分だけの空間ですから、リフレッシュするために有効に使いたいですね。エコノミー席なんですが、3席分を独り占めできるので、快適です。横になって寝られますし。客室乗務員もいて、飲み物や食べ物も頼めばいつでも出てきます。

　この前のシアトルへのフライトでは、5時間半のうち2時間くらい寝て、後は本を読んだり、サインを書いたりしていました。トーリ監督が書いた『覇者の条件』も、主に移動の時間を利用して読みました。トランプで騒いでいる選手もいますよ。客席の一角で遊んでいて、「ブラックホール」と呼ばれています。監督も、たまに加わっているみたいですよ。

　先月、監督の配慮で続けられた連続試合出場は、できる限り続けたいと思っています。けがや極度の不振になったら仕方ないし、ヤンキースではもう何年も、シーズン全試合に出場した選手は出ていません。自分の記録より、まずはチーム優先ですから、すべて従わなくてはなりません。それに、大リーグでは有効に休養日を設けることも大切です。でも、やっぱり出場し続けたいですね。

4月20日のツインズ戦は、事前にトーリさんから直接「お前は休みだから」と言われていました。その時点で、「ハイ」と言ったんです。あまりに素直に「ハイ」と言ったものだから、それでいいんだなと思ったらしいです。その後、どうやら日本の記者や広岡勲広報が、トーリ監督に伝えたらしいですね。松井はこれだけ記録が続いている、なんて。

翌日になって、「ヒデキはその記録を続けたいのか」と聞かれたので、「チームに迷惑がかからなければ続けたい」と伝えました。すると、「じゃあ分かった。途中の守備か代打か何かで使うから」と。でも、「それでチームに迷惑をかけたくない」と言ったんです。そうしたら、「ノープロブレムだ。言いたいことは言え。自分のことは何でもいいから伝えろ」と言われました。結局、6回に代走で出してもらって、連続試合出場は途切れませんでした。こうして気を使って下さるのは感謝しています。今後もいかに自分の体調をベストに保つか、いろいろ考えながらやっていきたいと思います。

松井秀喜をめぐる主な出来事

5・8　マリナーズ　○16－5

この試合で、マリナーズの佐々木が復帰。1回を無安打に抑える。松井との対戦はなし。ドジャースの石井が3勝目（1敗）。エクスポズの大家が3勝目（4敗）。

5・9　アスレチックス　●2－7
ティム・ハドソンから2本の内野安打。「足で稼いだというか、何と言うのでしょうか。たまにはラッキーなこともあっていいでしょう」。10試合連続安打で、4試合連続の複数安打。

5・10　アスレチックス　○5－2
第4打席で、メジャー初敬遠。

5・11　アスレチックス　●2－5
ハドソン、バリー・ジト、マーク・マルダー。アスレチックスの3本柱と対戦した3連戦は、10打数で内野安打2本。
マーリンズがジェフ・トーボーグ監督を解任。大リーグでは今季初の監督解任。

5・13　☆エンゼルス　●3－10
16連戦スタート。開幕戦で左肩を脱臼したデレク・ジーターが復帰。松井はジーターとは誕生日が14日しか違わない。キャンプ中にタンパの自宅にも招いてくれたチームリーダーの復帰に、「これで打者はそろった。あしたから仕切り直していけるんじゃないかな」。

5・14　☆エンゼルス　●3－5

4打数2安打。5試合ぶりの打点を稼ぐ。前年のポストシーズンに5勝を挙げたフランシスコ・ロドリゲスの決め球、スライダーをたたいての打点に「相手のウイニングショットを打てたのは収穫。自信につながりますね」。

5・15　☆エンゼルス　○10－4

ウォルト・ディズニー社がエンゼルスを売却。

好守の秘密は天然芝　2003・5・24

21日まで、ボストンでレッドソックスと戦いました。ボストンは、外を歩きたくなるような街ですね。街並みはきれいだし。ニューヨークと違った美しさがありますね。

大リーグ最古の球場、フェンウェーパークには、さすがに伝統を感じました。選手が球場を出入りする特別な通路がなく、ファンと同じところを歩くのがいいですね。名物のレフトの巨大フェンス「グリーンモンスター」は、確かに高かったです。フェンスに当たるのか、ダイレクトで捕れるのか、その判断が一番難しい。1試合で何度も、打球がフェンスを直撃します。普通のレフトフライが当たるときもあれば、他の球場だったらライナー性でホームランになる当たりが、フェンスの最上部を直撃することもあります。当たるのか、ぎりぎりで捕れるのか、その判断が一番難しいですね。

ベーブ・ルースゆかりの球場ですし。長年のライバル関係ですよね。「バンビーノの呪い」。1919年に、レッドソックスがベーブ・ルースをヤンキースへ金銭トレードして以来、レッドソックスはワールドチャンピオンになっていない、という。日本にいるときは、レッドソックスが結構好きでした。特別好きな選手がいたわけではないですが、勝てそうで全然勝てない悲劇性が好きな部分だったんですけれど。高校2年のときの全日本の米国遠征で、ガルシアパーラが4番を打つ米国チームと戦いました。確か、彼はホームランを打ったはずです。

日本の巨人と阪神のように、こちらではヤンキースとレッドソックス。刺激があることは、いいことです。でも、レッドソックスに限らず、どの球団もヤンキース戦になるとモチベーションが上がるのは実感しますね。

守備への意識は、日本にいるときから高く持っていたつもりです。巨人時代のセンターからレフトにポジションが変わり、自分の力を最大限出すにはどうしたらいいかを考えています。

最初は、センターから見るのと打球の角度が違うのに戸惑いましたが、もう慣れました。左に切れていく打球にも、戸惑わなくなりました。

こちらの選手は、自分が捕れそうなボールは何でも捕ってやる、という感じです。ファンの前では全力を尽くすというのは日本でも変わりませんが、天然芝と人工芝の違いは大きいですね。激しいプレーができる、できないの違いは、確かにあります。

やっぱり、天然芝がいいですよ。どんなプレーでも、けがをするリスクが低いですから。走っていても、ひざや足首、腰への衝撃が少なく、体にやさしい。体への影響は、シーズンが深まるごとに違いが大きく出るかもしれません。やはり、天然芝の方が断然いいです。

AP/WWP　New York Yankees

球場によって、芝の質が違うんです。ヤンキースタジアムは独特で、芝の腰が強く、粘り気がある感じ。打球の勢いが死にやすい。シアトルやアナハイム、オークランドなど西海岸の球場は、日本の芝に似ていて、きめ細やかな感じです。フェンウェーパークの芝は、その中間くらいですかね。

天然芝とともに、フェンスのラバーも日本と大きな違いがあります。柔らかいので、激突によるけがを恐れずに、思いきったプレーができます。

球場の形が左右いびつなことは、多少の難しさはありますが、予想したほどではありませんでした。むしろ、ファウルグラウンドの狭さの方が気になるときがあります。フェンウェーパークもヤンキースタジアムもそうですが、レフトのわきは、ほんの少ししかファウルグラウンドがありませんから。フェアのボールをスタンドにいる観客が手を伸ばして捕ってしまうこともありますが、あれには笑っちゃいますね。

これまでの守備では、レンジャーズ戦（5月16日）の延長10回に、ライナーを飛び込んで捕って併殺にしたプレーとか、ヤンキースタジアムの初戦（4月8日）で、左中間に抜けそうな当たりを止めたプレーなどが、自分のイメージ通りにできました。21日のレッドソックス戦でのスライディングキャッチも、緊迫した場面でできたことが良かったです。

デーゲームが多いので、よくサングラスをかけているのですが、打球が太陽に入ってしまうと、サングラスをしていてもだめですね。打球が上がるときならいいんですが、落ちてくるときに入ってしまうと、どうしようもない。

17日のレンジャーズとのデーゲームで、エラーを記録しました。試合後に、公式記録員が確認に来たんです。「太陽に入ったんですか？」って聞かれて。「あれはぼくのミスです」って答えたんですけど、日本では公式記録員が確認しに来るなんて考えられないですよね。最初は記者の方かと思いました。

ヤンキースの外野陣は、みんなタイプが違って面白い。けがで戦列を離れることになりましたが、バーニー（ウィリアムズ）は1歩目が速くて、捕球がとにかくうまい。モンデシーは、攻撃的なプレーと肩の強さが売り物。ぼくは堅実といったところでしょうか。いずれにしても、守備を高く評価してもらえるのはうれしいことです。

松井秀喜をめぐる主な出来事

5・16　☆レンジャーズ　●5－8

マリナーズのイチローが、大リーグ3年目、354試合目で500本安打に到達。佐々木が5セーブ目（1勝1敗）。

5・17　☆レンジャーズ　●2－5

4回に失策を記録。5回には飛球が太陽と重なり、見失って二塁打にしてしまった。チームは4年ぶりとなる3カード連続の負け越し。「何とか流れを取り戻すしかないでしょう」

マリナーズの佐々木が6セーブ目（1勝1敗）。

5・18 ☆レンジャーズ ●1－5

今季初の本拠地3連敗。ジョー・トーリ監督は「攻撃陣がボールを強くたたけていない。ちょっと欲求不満のたまる展開だな」。19日からのレッドソックス戦に、「伝統の一戦で、きっかけがつかめればいいですね」と松井。

ドジャースの野茂が5勝目（4敗）。

エクスポズの大家が5敗目（3勝）。

5・19 レッドソックス ○7－3

さまざまな因縁のあるレッドソックス戦に初出場。大リーグ最古を誇るフェンウェーパーク名物で、高さ約11・3メートルの巨大な左翼フェンス「グリーンモンスター」とも格闘。2安打を放ち、大リーグ50安打に。「多少独特の雰囲気があったけれど、いつも通りのプレーができた」。チームも連敗を脱出。

5・20　レッドソックス　●7－10
4打数1安打で3試合連続安打。しかし、ここ10試合でゴロ凡退が19打席。「毎日新しい投手と対戦しているから、うまくいかないのは当たり前。我慢しながらやっていくしかない」
マイナーで調整していたホセ・コントレラスがベンチ入り。

5・21　レッドソックス　○4－2
相手先発ティム・ウェークフィールドのナックルボールを捕らえられず。「揺れながら落ちてくるあのボールを打つのは難しいかもしれない。びっくりする球ではないけれど」

ニューズデー紙のヤンキース担当、ケン・デービッドフ記者が「さび付いた門のようなパワー不足の松井のスイング」と題した原稿を執筆。後に、デービッドフ記者は「松井はきっと、ぼくにもほかの人々にも『さび付いた門』なんてことを思い起こさせることはないだろう」と、朝日新聞に特別寄稿。

メッツの新庄が、フィリーズ戦で今季初本塁打。

ドジャースの石井が4勝目（1敗）。

5・22　☆ブルージェイズ　●3—8

バーニー・ウィリアムズの故障で、プロ入り初の2番で出場。「たぶん、野球人生で初めてでしょう」。長距離打者としてのプライドを聞かれ、「ジーターが打っていたところ。日本的な感覚とは違うんじゃないですか」。4打数2安打の結果に、トーリ監督は「松井はどの打順でも打てる。ボールを当てるのがうまいし、球をよく見ている」と絶賛。ニューヨーク・タイムズ紙が、松井について「グラウンドボール・キング（ゴロ王）」と酷評。

「ゴロ王」と書かれても気にしない　2003・6・7

先日、日本のメディアの人たち35人くらいと一緒に、バーベキュー大会を開きました。オハイオ川の向こうに見えるシンシナティの夜景は最高でした。

2月にタンパ（フロリダ州）でのキャンプに入ってから毎日、練習後や試合後に時間を設けて、記者会見を開いています。「毎日、毎日、疲れないか?」と聞かれるときもありますが、疲れることも、息苦しいと思うこともまったくありません。自分の調子が悪いから、打てないから記者会見をやりたくない、と思うこともありません。

ただ、新しく話すことがなくなっていますね。毎日同じようなコメントになってしまって……。活躍した試合だといいんですが、最近みたいにまったく打っていないと。

聞かれたことについて、答えられる範囲で正直に答えようと思っています。このことは、日本にいたときから変わっていません。もちろん、メディアの皆さんの後ろには、たくさんのファンの方々がいる。そういう人たちのことは当然意識しています。

記者さんたちと話していて、面白い見方をするなあ、と感じることはあります。そういう見方があるんだ、と。でも、活字になったものをチェックすることはありません。一つひとつチェックしていたら、きりがありませんからね。たまに、友人がこんなことが書かれていたぞ、なんてメールで知らせてくれることもありますが、よっぽど事実と違っていない限り、気にすることもありません。自分をよく書いてもらいたいから仲良くする、ということもまったくないですね。記者の皆さんには、ありのままを書いてもらいたいと思っています。

アメリカのメディアの方々にも、だいぶ慣れてきました。もちろん通訳を通してですが。特にニューヨークのメディアは厳しいと聞いていましたが、厳しいという印象より、何か記事になることを言わせたいというか、そういう意図を感じますね。ちょっとしゃべったら、いろんなことを関連づけて書く、という感じでしょうか。

スタインブレナー・オーナーがぼくのパワー不足を指摘したことも、こちらの記者の質問で知りました。今のこの成績じゃあ言われても仕方がないと思うし、別に怒ったりという気持ちはなかったです。ああ、その通りだなと思いました。

ニューヨーク・タイムズにも「グラウンドボール・キング（ゴロ王）」なんて書かれましたが、そういうことをいちいち気にしていたら、やっていられません。逆に批判を書かれて、発奮の材料になるということもぼくの場合はありません。人の書く記事などはぼくのコントロールできることではないし、自分のコントロールできることをしっかりやっていく、というのがぼくのスタンスですから。

記念のスクラップもありません。うちの両親も、高校時代はやっていましたが、プロに入ってからはしていないでしょう。
今後も、聞いていただければ、自分の気持ちはちゃんとしゃべりますよ。

松井秀喜をめぐる主な出来事

5・23　☆ブルージェイズ　●2－6
ヤンキースが首位から転落。主力選手のバーニー・ウィリアムズが左ひざの半月板損傷で故障者リスト入り。
マリナーズの佐々木が7セーブ目（1勝1敗）。

5・24　☆ブルージェイズ　●2－5
ドジャースの野茂がブルワーズ戦で大リーグ通算9度目の完封勝利。6勝目（4敗）。

5・26　☆レッドソックス　●4－8
ロジャー・クレメンス、通算300勝ならず。「いつも通りの気持ちで戦ったが、今日はぼくの日じゃなかったということだね」とクレメンス。チームは3年ぶりの5連敗。本拠・ヤンキースタジアムでの8連敗は、1986年の10連敗以来、17年ぶり。
松井ら日本人大リーガーが、シーズン後の五輪予選に参加できないことが判明。日本のプロ野球コミッショナー事務局の照会に対し、大リーグ機構側が回答。

5・27 ☆レッドソックス ○11－3

松井の成績にジョージ・スタインブレナー・オーナーが苦言。地元デイリー・ニューズ紙に「あんなにパワーのない打者と契約した覚えはない。コーチはしっかり指導してほしい」のコメントが。「だめなら、何を書かれても仕方ない。すべてを受け入れます」と松井。ジョー・トーリ監督は「松井は守備も含めて、チームに貢献している。コーチに対する批判は自分に向けられたものだと思う」と擁護。

オールスター戦のファン投票第1回中間集計で、イチローは外野手部門の1位。松井は同部門の5位。

ドジャースの石井が2敗目（4勝）。

カージナルスの田口がメジャー昇格。

5・28 ☆レッドソックス ○6－5

第2打席で、6試合ぶりの長打となる二塁打。

前日のデイリー・ニューズ紙が掲載したオーナー談話について、スタインブレナー氏がニューヨーク・ポスト紙で「あれは、もう少しホームベース近くで構えた方がいい、という意味。彼は素晴らしい中堅手で、チームにいることを歓迎している」と発言を修正。マリナーズの佐々木が8セーブ目（1勝1敗）。

5・29

エクスポズの大家が4勝目（5敗）。

5・30　タイガース　○6－0

ホセ・コントレラスが初先発し、7回2安打無失点で初勝利。「今日は味方が先に点を取ってくれたので、リラックスして投げられた」とコントレラス。ヤンキースがア・リーグ東地区の首位に復帰。

ドジャースの野茂が5敗目（6勝）。

1994年のサイ・ヤング賞（最優秀投手賞）投手で、ヤンキース時代の99年に完全試合を達成した、メッツのデービッド・コーンが引退を表明。

5・31　タイガース　●2－4

4打数無安打。5月の本塁打は、わずか1本。「やっぱり、こちらでホームランを打つのは、ぼくにとって難しい」

マリナーズの佐々木が9セーブ目（1勝1敗）。

6・1　タイガース　○10−9

延長17回、5時間10分の死闘を競り勝つ。松井は7打数1安打。これで、23試合、109打席ノーアーチ。巨人時代の1994年の103打席を上回る最長ブランクとなった。先発クレメンスの300勝は、再びおあずけに。

6・3　レッズ（交流試合）●3−4

第4打席で、今季100個目のゴロ。4打数無安打で、打率は2割5分まで低下。カブスのサミー・ソーサが、シカゴでのデビルレイズ戦で、禁じられているコルクを仕込んだバットの使用が判明し、退場処分に。ダイヤモンドバックスの右腕カート・シリングが、右手骨折で故障者リスト入り。エクスポズの大家が6敗目（4勝）。

6・4　レッズ（交流試合）●2−6

第3打席で10打席ぶりの安打を放つが、不調は明白。「松井はひどくプレッシャーを受けているようだ。休養が必要なのかもしれないが、そうするかどうかは分からない」とトーリ監督。
ドジャースの野茂が6敗目（6勝）。

6・5　レッズ（交流試合）　○10－2

初の7番中堅手で先発出場。ユニホームのすそを引っ張り上げ、ストッキングを出すスタイルで試合に臨む。26試合、119打席ぶりの4号本塁打を含む、5打数4安打、3二塁打。試合後、チームメートのロビン・ベンチュラが、松井のロッカーのネームを「OH 55」と書き換える。
マリナーズの佐々木が10セーブ目（1勝1敗）。

いいときも悪いときも「今」が大事　2003・6・18

打撃の調子が上がってきました。いい結果が出ることで、感触が良くなっていくし、連鎖反応というか、いい循環になっています。大リーグの投手に慣れてきたというのが大きな原因の一つだと思いますが、それだけではないと思います。

相手投手によって、やったりやらなかったりですが、外角球克服のために今までよりほんの数センチ、ホームベースに近づいて立つことがあります。これまでも、グリップの高さを多少上げたり、少し前かがみに構えたり。シンカー系のボールが多い投手には、打席で投手寄りに立ったりもしていました。いいものを探しながらやっていくというのが、特に今は必要なことですから。

調子の上がっていなかった6月3日からのシンシナティの遠征のときに、トーリ監督といろいろ話をしました。監督からはこれまでやってきたことを何も否定されませんでした。チームに貢献してきているのだから、今までやっていることを続けてくれればいい、というような話でした。監督には、ぼく個人のことに気を使ってもらって心苦しいと思うと同時に、とても感謝しています。

確かにホームランが出なかった時期は、フラストレーションがたまりました。自信を失うことはありませんでしたが、その時点では自分にそういう力がないということをしっかり捕らえなくちゃいけない、と考えていました。いいバッティングができないとイライラもしますが、物にあたるとか、眠れないとか、そういうことはありません。物にあたって、バッティングが良くなるわけでもありませんし。どんな結果であろうと試合が終わってから球場を出るまでの間には、気持ちの整理はつけています。もちろん反省して次の日につなげなくてはいけないものもありますが。

キャンプ中に監督やコーチから「我慢」という言葉を繰り返し聞きましたが、本当に身に染みました。気持ちだけは切らしてはいけない、そのうちにいいときもやってくるという思いでした。

だから6月5日のレッズ戦で119打席ぶりに一発が出たときは、やっぱりほっとしましたね。あの日は、その後3本の二塁打を打ったのですが、本塁打を打った後は、ボールが見えてくる感じがあります。

ただ、今の感触が続くかどうかは分からない。ぼくが調子良くても、相手のあることですし。日本にいたときは、相手ピッチャーの特徴をほとんど把握していましたから、好きなボールを待つことができました。だから追い込まれてから打つケースも多かったんですけれど、こちらでは追い込まれる前に打たないと、怖いですね。ストライクゾーンが広い、という点も影響しているかもしれません。

三振が怖いんじゃないんです。ただ、追い込まれると一気に打撃の質が落ちてしまう怖さがある。追い込まれる前に打ってしまいたいという気持ちが多少あります。とにかく、先のことを考えるより、今、今、今と、取り組んだ方がいいと思いながら、やっています。

松井秀喜をめぐる主な出来事

6・6　カブス（交流試合）○5－3

ヤンキースは1938年のワールドシリーズ以来、65年ぶりにリグレーフィールドでカブスと対戦。前日4安打の松井は、敬遠を含む2四球で2打数無安打。違反バット使用のサミー・ソーサに、大リーグ機構は8試合出場停止の処分。ソーサは異議を申し立て、この日のヤンキース戦に先発出場。ドジャースの石井が5勝目（2敗）。

6・7　カブス（交流試合）●2－5

7番中堅手で先発し、5号本塁打を含む4打数3安打。1試合3安打以上は今季3度目。「伝統ある球場で本塁打を打てたことは、思い出に残る。状態は多少、上向きのところ

2003年6月5日、レッズ戦で119打席ぶりに4号本塁打を放つ
AP/WWP　New York Yankees

があるでしょう」

ロジャー・クレメンスは風邪を押して3度目の通算300勝に挑むが、救援のホアン・アセベドが逆転3ランを許し、敗戦投手に。アセベドは後に解雇される。

6・8　カブス（交流試合）●7－8

カブスのソーサが通算2000本安打を達成。

6・10　☆アストロズ（交流試合）○5－3

6番中堅手で先発し、4打数3安打。3試合連続の2安打以上で、打率2割8分に。2番打者を外れ、下位に入った5試合で17打数12安打、5打点。松井は「もう一度主軸を打ちたい、という欲はない。任されたところでしっかりやるだけ」。

右肩の張りを訴えていたホセ・コントレラスの故障者リスト入りを発表。

カージナルスの田口がマイナー落ち。

6・11　☆アストロズ（交流試合）●0－8

ヤンキース、45年ぶりとなるノーヒット・ノーランで敗退（史上初の6投手の継投による）。松井は最後の打者となった。試合後、ジョー・トーリ監督は「今まで携わってきた中で、最悪の試合の一つ。言い訳のできない内容だ」。大リーグ機構は違反バット使用のソーサを、7試合の出場停止処分に。当初の8試合から、公聴会を経て1試合短縮。

マリナーズの佐々木が故障者リスト入り。自宅の階段で転倒し、右わき腹を打撲したため。後の精密検査でろっ骨骨折が判明。

6・12　☆アストロズ（交流試合）○6－5

29歳の誕生日。第2打席の同点打を含む、4打数2安打。

ドジャースの石井が6勝目（2敗）。

メッツがスティーブ・フィリップス・ゼネラルマネジャー（GM）を解任。

6・13　☆カージナルス（交流試合）○5－2

クレメンスが、ノーラン・ライアン以来となる史上21人目、現役最多の通算300勝をマーク（155敗）。2回には史上3人目の4000奪三振も達成。「自分のやれることは、そんなに多くはない。マウンドに行って、いい投球をするだけだ。これまで通りにね」とクレメンス。松井は日本人大リーガー50本目となる6号本塁打で援護。

エクスポズの大家が7敗目（4勝）。

6・14　☆カージナルス（交流試合）○13－4

第1打席で左翼線二塁打。今季23本目で、リーグ首位タイに。「結果が続けて出ているので、以前よりは多少満足感はある。でも、その中で反省するところは反省して、次につなげないといけない」

6・15　☆カージナルス（交流試合）○5－2

3打数2安打で、打率はチームトップの2割8分9厘に。ドジャースの野茂が7勝目（6敗）。

もうけよりファン大切に　2003・6・28

　先週末は、同じニューヨークに本拠を置くメッツと、敵地のシェイスタジアムで、サブウエー（地下鉄）シリーズを戦いました。今年のニューヨークは例年より雨が多く、3連戦のうち1試合を雨で流すなど、天候が良くなかったです。でも、ファンの熱狂ぶりはすごい。ぼくにとってもブーイングと応援の歓声が入り交じるのは初めての体験でした。

　摩天楼がそびえ立つマンハッタンの北側、ブロンクス区にヤンキースタジアムが、そしてマンハッタンからイーストリバーを越えて、東のクイーンズ地区にメッツのシェイスタジアムがあります。ニューヨークのファンを二分する戦いだから、ファンが興奮する気持ちは分かりますね。

　ヤンキースタジアムには独特の重い空気がありますが、シェイスタジアムは、また違った雰囲気がありました。明るいと言うか、うまく表現できませんが。

　近くのラガーディア空港から上空を飛行機が大きな音を立てて飛んで行きます。でも、大丈夫。ぼくは実家近くにある小松基地に離着陸する自衛隊機の音に慣れていますから。

　交流試合では好成績を残せています。でも、成績がなぜいいのかは自分でも分かりません。

クレメンスの投げる試合や、テレビの全米中継のときなども打っているのですが、これも偶然。ただプロとして、そういう注目の集まる試合で打てたり、いいプレーができたりすることは、いいことだと思います。

ア・リーグとナ・リーグのチームが戦う交流戦というのは、アメリカらしいシステムですね。同じリーグの同じ地区でも交流戦の対戦相手は違うのに、その交流試合の成績を個人記録に組み入れてしまう。アメリカらしいおおらかさというか、いい意味でいい加減です。6～8日はシカゴのリグレーフィールドでカブスと戦いました。ヤンキースがリグレーで試合をするのは1938年のワールドシリーズ以来だそうです。このときセンターを守っていたのはディマジオです。同じ位置を守れて偶然とはいえ光栄に思いました。あの球場では、今後プレーする機会はないかもしれません。1年目からあんな伝統のある球場でプレーでき、うれしかったです。

こちらでは、テレビの中継時間に合わせて試合開始時間が遅くなったり、早くなったりすることもあります。バッターボックスに入ろうとしたら、「今はコマーシャル中だから待て」なんて審判に言われたりもします。日本でもオールスター戦のときにあったかなあ。確かに、テレビ中継のおかげで、きつい日程を強いられることもありますが、こちらに来たらこちらの習慣でやるしかないわけですから。

日本でも交流試合をやってみたらどうかと思います。結構、盛り上がるんじゃないでしょうか。パ・リーグは、むしろやりたいんじゃないかな。やってみて、もしだめだったらやめればいいし、大丈夫だったら続ければいい。自分の球団のもうけとかよりも、ファンを大前提に考えていくのがいいと思います。ファンがどういう反応を示すか、それを考えて欲しい。アメリカでは、まずファンを大事にするという気持ちが強いと思うんです。日本も考えているとは思いますけれど。

今週末は、ヤンキースタジアムでメッツと戦います。これも、どんな雰囲気になるか楽しみですね。21日のメッツ戦が雨で流れたおかげで、28日にはヤンキースタジアムでデーゲームをやって、夜にシェイスタジアムで試合をするという、変則ダブルヘッダーが組まれています。ダブルヘッダーも17日のデビルレイズ戦で経験済み。2試合目が終わったころにはもう1試合目のことなんて忘れています。それに、思ったほど疲れなかった。今度も体力的なつらさは、ないと思います。むしろ、1年目から普通なら体験できないことが経験できるんですから、きつい日程を楽しむくらいの気持ちで臨みます。

松井秀喜をめぐる主な出来事

6・17　☆デビルレイズ　●2－11
　　　　☆デビルレイズ　○10－2

ダブルヘッダー第2試合で、今季2度目の4番で出場。第3打席で左前適時打。「決して甘いボールではなかったが、ストライクゾーンに来たら打とうと思っていた。ちょっと先っぽだったけど」

イチローが、エンゼルス戦で今季2度目の先頭打者本塁打。3回の第2打席でも本塁打を放ち、メジャー2度目の2打席連続アーチ。打率はリーグ2位の3割4分7厘に。

マリナーズの長谷川が今季初セーブ（1勝）。

6・18 ☆デビルレイズ ○1－0

2試合連続で4番に座り、5打数無安打。

違反バット使用で7試合の出場停止処分を受けたカブスのサミー・ソーサが復帰し、5回の第3打席で2点本塁打。

イチローが、自身最多の7打席連続安打。3年連続で両リーグ最速のシーズン100安打に到達。

6・19

ドジャースの石井が今季7勝目（2敗）。

エクスポズの大家が5勝目（7敗）。

6・20　メッツ（交流試合）　○5－0
ともにニューヨークを本拠とするメッツとの「サブウエー（地下鉄）シリーズ」開幕。新庄と初対戦。松井、新庄ともに1安打。
ドジャースの野茂がエンゼルス戦で8勝目（6敗）。
1980～90年代を代表する強打者ホセ・カンセコが、執行猶予中の違法薬物使用が判明し、フロリダ州の自宅で逮捕された。

6・22　メッツ（交流試合）　○7－3
第3打席で7号弾。相手投手は1996年の日米野球で本塁打を放っているジョン・フランコ。「ちょっと記憶は定かじゃないけど、確か打っているはず」と松井。しかし、フランコの記憶は鮮明で、「（前回は）カーブを打たれた。松井はそのころからいい打者だった。今、彼が大リーグにいるのは、そこに理由があるんだけどね」。

6・23　デビルレイズ　●2－4
ジャイアンツのバリー・ボンズが、ドジャース戦の延長11回に二盗を決め、史上初の「500本塁打、500盗塁」を達成。
ドジャースの石井は勝敗がつかず、日米通算100勝ならず。

6・24　デビルレイズ　○10－9
4回無死満塁で、内野安打。満塁での成績は13打数6安打、11打点に。
イチローが19試合連続安打。
エクスポズの大家が6勝目（7敗）。

6・25　デビルレイズ　○8－5
5番中堅手で先発し、3打数2安打、3打点。

2001年に大リーグ年間最多本塁打記録をつくったバリー・ボンズの73号ボールがインターネット・オークションにかけられ、51万7500ドル（手数料込み、当時のレートで約6100万円）で落札された。売却額は、所有権を争っていた二人が折半。

ドジャースの野茂が9勝目（6敗）。

イチローは5打数無安打で、連続試合安打がストップ。

6・26　デビルレイズ　○4－3
6試合ぶりの無安打。
長谷川が2セーブ目（1勝）。

騒がれずに歩けるＮＹは楽　2003・7・5

先月は、メッツとのサブウエーシリーズを戦ったこともあって、わりとニューヨークにいることができました。ただ、毎日試合があって時間が取れないので、ニューヨークの生活を楽しむところまではいきません。

マンハッタンにあるマンションへは、5月の後半に引っ越しました。やはり、これまでのホテル暮らしよりは落ち着きますね。でも、まだ家財道具が全部そろっていないんです。ベッドやテーブルは入ったけれど、イスとか細かい物が入っていない。何だか、ぐちゃぐちゃな生活が続いています。家具屋さんからの連絡を待っていても、全然来ないなんてこともありました。家具へのこだわりはそんなにないのですが、やっぱり色とかは合わせたいかな。テレビもない。オーディオ機器は、まだ注文もしていません。帰宅するのが遅いので、テレビはあまり見ないだろうし、ビデオやステレオの代わりは、遠征などに持ち運んでいるＤＶＤプレーヤー。これでＣＤも聞いています。

試合開始が午後7時のときは、だいたい午前11時ごろに起床します。家の中で軽く体操をすることからぼくの一日が始まります。これは、以前から変わっていません。昼食は、マンハッタンの日本食店で。なじみの店も、いくつかできました。遠征に出るとなかなか食べられない日本食を〝食いだめ〟します。

もちろん、掃除、洗濯も自分でやっています。と言っても、ちょっと散らかっているかな。こちらは洗濯物を外に干す習慣がないから、室内に乾燥機が付いています。今年のように雨の多かったニューヨークでも、OKです。タンパでのキャンプ中はトイレが詰まったりしましたが、ニューヨークではそういったトラブルはまだ起きていません。こちらでは家賃や電話代を小切手を郵送して支払うことになっています。日本では自動引き落としだったから、最初はちょっと邪魔くさいなと思いましたが、最近は慣れました。

街を歩いていても、人に囲まれて騒ぎになるということはありません。普通に街を歩ける。そのあたりが、日本にいるときと違って、一番うれしいし、楽なことです。

ブロンクスにある球場へは、自分で車を運転して向かいます。道筋は毎日決まっています。打てなかったから通る道を変える、なんてことはしません。そういうジンクスとかゲン担ぎを始めると、きりがないからです。

自宅にいて一番リラックスできる瞬間は、ベッドに入るときです。だいたい午前3時ごろでしょうか。

日本では球場へ行く前と帰宅したときに、素振りをよくやっていました。理由は特にないのですが、今は昔ほど振っていません。スペースはいくらでもあるのですが。

AP/WWP New York Yankees

まだ五番街に出て買い物をしたこともないんですが、暇ができたら、ミュージカルを見に行きたいです。結局、オフの楽しみということになってしまいそうですが。

松井秀喜をめぐる主な出来事

6・27　☆メッツ（交流試合）　○6―4

メッツとの交流試合で、松井、新庄ともに2安打。

6・28　☆メッツ（交流試合）　○7―1
　　　　メッツ（交流試合）　○9―8

第1試合はヤンキースタジアム、第2試合はシェイスタジアムで開催されたメッツとの変則ダブルヘッダー。

松井は第1試合、3回の第2打席で今季2本目の満塁本塁打（8号）。3打数2安打、2四死球、5打点。

第1試合終了後、メッツの新庄がマイナー落ち。

第2試合は4打数4安打、1四球。4月20日以来の打率3割復帰。ヤンキースは6連勝で、今季50勝に到達。

ドジャースの石井は、日米通算100勝ならず、3敗目（7勝）。

6・29　☆メッツ（交流試合）　○5－3
大リーグ通算100安打を9号本塁打で飾る。
エクスポズの大家が今季初完投で7勝目（7敗）。

6・30　オリオールズ　○6－5
4打数無安打も、5試合連続の打点を挙げる。オールスター戦の最終中間集計で、外野手部門の2位に（1位はイチロー）。23～29日の週間MVP（最優秀選手賞）を初受賞。

7・1　オリオールズ　●3－7
ドジャースの野茂が7敗目（9勝）。

7・2
雨天中止となったこの日、ア・リーグ6月の月間最優秀新人に選出される。「ストライク、ボールの見極めができるようになった。ツーシームに対応できたことも一つに挙げられる」。松井は6月に打率3割9分4厘、29打点、6本塁打。日本選手の選出はイチロー、石井以来、3人目。

大きく高く振り切るようになった　2003・7・13

開幕戦があったトロントに戻ってきました。雪が降ってめちゃめちゃ寒かったあのころから、あっと言う間に前半戦が終わろうとしています。確かに結果の出なかった時期は気持ち的に晴れなかったけれど、すべてを受け入れて、毎日、毎日、何もかもが初めてで新鮮な気持ちでやれた前半戦でした。健康で全試合に出場できたことも、良かったです。

オールスター戦にも選ばれました。予想すらしていませんでした。出たいなと考えもしませんでした。打率も3割前後を維持しているし、打点も60を超えているので、特別恥じるような数字ではないと思いますが、選出されたのは、日本のファンの皆さんに感謝するばかりですね。本当はもっとホームランが出ていればいいんでしょうけど、選ばれたことは光栄なことですし、選ばれた以上はベストを尽くします。ヤンキースの新人としてはディマジオ以来の先発出場になると聞きました。なかなか実感はわきませんが、大先輩に恥じないようにしっかりやりたいと思います。ホームラン競争を見るのが楽しみです。後は何でしょうね。想像もつかない。球場へ行ってみて、すべてをそこで感じるしかないでしょう。

選手というのは、欲がすごくありますから、3割を打っていても、決して満足できるということはあり得ません。自分なりにすべての試合、全部のプレーでベストを尽くしてきたつもりですから、あのときにこうすれば良かったということはありません。ただ、浮かび上がってくるものは反省点だとか、次はこうしていこう、とかいう気持ちしかないですね。

本当にあっという間だった前半戦ですが、一番印象に残っている試合は、やはり満塁本塁打を打ったヤンキースタジアムの開幕戦（4月8日、ツインズ戦）です。あの本塁打でヤンキースの一員になったかどうかまでは考えていないけれど、自分を落ち着かせてくれる一番大きな試合だったと思います。印象に残る投手は、やはりアスレチックスのハドソン、ジト、マルダー。あの3人は、制球といい、球の切れといい、すごかった。あと開幕戦で対戦したハラデー（ブルージェイズ）。もちろんペドロ（マルティネス＝レッドソックス）もすごい。

日本の投手との違いは、ツーシームやチェンジアップに代表される変化球です。ツーシーム系のボールを投げる投手は日本にはほとんどいない。しいてあげればヤクルトのホッジスですかね。昨年17勝も挙げた理由が分かります。チェンジアップなども手の大きさ、腕の振りの速さなどが違うから、日本の投手とはボールの質が違います。ツーシームの落ち方は、投手によって違いますが、右投手の場合、だいたいシュート回転して沈みます。ボールの軌道は分かっていても、それに対する自分のバッティングというものがつかめず苦労しました。

6月5日のレッズ戦で119打席ぶりの本塁打を放ち、そこから調子が上がってきたわけですから、あれが確かにターニングポイントになったかもしれません。その試合の前にトーリ監督と話し合い、もうちょっと力強く振ったらどうだというアドバイスをもらいました。「今でも十分、チームに貢献しているんだから、思い切ってやれ」とも言われました。きちんと対話ができ、気遣ってもらい、気持ちの中ですっきりした部分はありました。

一番変わったのは強く振り切れるようになったことです。ボールに対して、合わせるというか、打たされるという感じが減ってきて、どんなボールに対しても自分の力強いスイングができるようになってきました。こちらでは高めに甘い球はまず来ない。低めに沈む球ばかりだから、打球を上げるためにスイングの軌道も、当たってからのフォロースルーを大きく高くという感覚を持つようにしました。これは大リーグに来てからの変化です。

チームの中ではジアンビ、ベンチュラの二人が参考になります。なぜかと言えば、二人ともぼくと同じ右投げ左打ちだから。利き腕でない左手の使い方に学ぶところが多い。特にロビン(ベンチュラ)は、ぼくだけじゃなくて、日本人の参考になるようなきれいなバッティングをしてます。球の捕らえ方、タイミングの取り方がうまい。

後半戦は優勝争いが絡んできます。ヤンキースは、やはり常に勝利を求められています。そういう意味では、巨人と一緒ですね。メジャーと日本の違いはあるけれど、ぼくはそういう環境の中でずっとやってきたので、大きな気持ちの変化はありません。シーズン中にもう一つ体力をつくり上げることは必要かもしれません。日本と多少練習方法が変わり、走り込みの量が減ってしまいましたが、それ以外のことで補っていくしかないですよね。

後半戦も、基本的には何一つ変わらずにいこうと思います。ぼくは、チームが勝つためにどうするべきかというスタンスを貫くことで、自分の一番高い潜在能力が出るタイプのプレーヤーだと思っています。チームのことをこれまで以上に考えなければならない後半戦は、自分の潜在能力がもっともっと出やすくなる環境になってくるかな、と思います。楽しみな後半戦です。毎日健康にグラウンドへ行けるように、体調面だけはしっかり気をつけてやっていきたいですね。

松井秀喜をめぐる主な出来事

7・4　☆レッドソックス　●3−10
ヤンキースは球団史上ワーストの1試合7本塁打を浴び、大敗。
イチローが今季40度目のマルチ（複数）安打。
エクスポズの大家が8敗目（7勝）。連勝は3でストップ。
ドジャースの石井は勝ち負けがつかず、日米通算100勝ならず。

7・5　☆レッドソックス　●2−10
4打数3安打で打率3割9厘に。
マリナーズの長谷川が3セーブ目（1勝）。

7・6　☆レッドソックス　○7―1
オールスター戦の選出メンバーが発表される。日本選手は、ファン投票で松井、イチロー、監督推薦で長谷川が選ばれた。「ぼくより成績のいい外野手はほかにもいるので、そのあたりは多少複雑なところはあるんですが、選ばれた以上はベストを尽くしてやりたい」と松井。
ドジャースの野茂が8敗目（9勝）。

7・7　☆レッドソックス　○2―1
1―1の9回、第4打席で右前安打。4日にメジャー昇格した9番カーティス・プライドの二ゴロ失で、サヨナラのホームを踏んだ。

7・8　インディアンス　●0―4
6試合ぶりの無安打。
イチローが、先頭打者本塁打を含む5打数2安打。今季自己最長タイの7試合連続マルチ（複数）安打。
マリナーズの長谷川が4セーブ目（1勝）。

7・9　インディアンス　○6－2

2試合連続の無安打。

ドジャースの石井が今季8勝目（3敗）を挙げ、日米通算100勝に到達。

エクスポズの大家は9敗目（7勝）。

7・10　インディアンス　●2－3

大リーグ移籍後、初の3試合連続無安打。

7・11　ブルージェイズ　○8－5

1回の第1打席で先制の二塁打。相手投手は、巨人のチームメートだったジョン・ワズディン。4試合13打席ぶりの安打。

マリナーズの長谷川が5セーブ目（1勝）。イチローがリーグ首位タイの25盗塁。

第3章
後半戦スタート

今度はホームラン競争に出たい　2003・8・2

後半戦が始まって半月がたちました。

今日（7月31日）は、トレードの締め切り日。いつも試合前などにキャッチボールをする相手だったモンデシーが29日の試合途中にダイヤモンドバックスへ、そして今日、ベンチュラがドジャースへトレードされました。二人とも、別れのあいさつをする間もなく去っていきました。特にベンチュラにはキャンプ中からいろいろアドバイスをもらったし、ぼくのバットを持って彼が打席に立ったこともありました。寂しい思いもありますが、こちらでは頻繁にあることですからしょうがない。二人とも新しいチームで頑張ってほしいと思います。

ちょっと古い話になりますが、オールスター戦の話を少し。

練習中に、イチローさんと話す機会が結構ありました。レギュラーシーズンではなかなかできないような話をしました。

盛り上がったのは、日本と米国では野球のスタイルが違うという話題です。日本は速い球を投げる投手がいるけれど、ストレートの回転がきれい。こちらは速い上に、いろんなクセ球を投げる。ぼくの場合はこれにアジャストするのに苦労しました、なんて話をしたんです。

イチローさんからは「楽しむことが大切だ」と言われました。

今度オールスター戦に出場するなら、ホームラン競争に出してもらえるように、シーズン中にホームランを量産して選ばれたい。どこまで打てるか分からないけれど、あのイベントに出てみたいという気持ちはもちろんあります。ただ、チームメートのジアンビやプホルス（カージナルス）は、並はずれた打撃をしてますね。かないません。オールスター戦の第1打席にヒットが出ました。目が覚めるような当たりでしたね。思い切り詰まったんですけど運良くレフト前へ落ちてくれました。試合前にはソーシア監督（エンゼルス）に「松井、肝っ玉すえていけ！」ってみんなの前で言われました。いろんなことを感じられたし、自信にもなった。これからの自分のキャリアの役に立てられたらいいなと思います。

後半戦のスタートは、サヨナラホームランという最高の形で切ることができました。試合前のミーティングでも「何としても勝とう」という話になっていましたので、チームとしても良かった。あのときは打席に入る前から、ジアンビやジーターに「マツ、頼むぞ」といった声をかけられていましたし、いい球が来れば、と思っていました。ヤンキースタジアムの歓声はすごかったし、広岡広報も興奮してグラウンドに飛び出してきていました。自分の本塁打で試合が終わるのはこれ以上ないことですし、ぼくにとって最高の夜になりました。

レッドソックスとの首位争いも熾烈《しれつ》になってきました。楽しむ余裕はありませんが、とにかく我々の戦いをしていくだけです。

松井秀喜をめぐる主な出来事

7・12　ブルージェイズ　●3－10
マリナーズのイチローが4打数無安打で連続試合安打が10でストップ。

7・13　ブルージェイズ　○6－2
前半戦最終戦。初の指名打者で先発出場。5打数1安打で打率3割を切る。イチローが4打数3安打で打率3割5分2厘とし、今季初の打率1位に。「結局は相手（オリオールズのモーラ）が少し下がったから、こうなっているだけ。そういうものにぼくは惑わされたくないし、価値観は見いださない」（イチロー）

7・15　オールスター戦　○7－6
メジャー1年目でオールスター戦にア・リーグの7番中堅手で出場。第1打席で球宴初安打。詰まった当たりだったが、「目の覚めるような当たりでしたね」と報道陣を笑わせる。2打数1安打。「こういう場所でプレーできたことが自信になると思うし、これからの自分のキャリアの役に立てばいいと思う」

2003年７月15日、オールスター戦にア・リーグの７番中堅手で出場。
試合前にマリナーズのイチローと談笑
AP/WWP　New York Yankees

7・17　☆インディアンス　○5－4
後半戦開幕。同点の9回に日本出身の大リーガー初のサヨナラ本塁打（10号）を放つ。「最高ですね。自分のホームランで試合が終わるのは、これ以上にないことですし。チームメートも『これで家に早く帰れる。ありがとう』と言ってくれた」

ドジャースの野茂が、メジャー通算3号本塁打など投打の活躍で3年連続の2けた勝利。

巨人の土井誠・球団社長がヤンキースを訪問。

マイナー落ちしているメッツの新庄が、事実上の戦力外通告。

7・18　☆インディアンス　○10－4
チーム初安打を含む4打数2安打。この日はジョー・トーリ監督の63歳の誕生日。
マリナーズのイチローが、ロイヤルズ戦で逆転満塁弾。長谷川が6セーブ目（1勝）。
ドジャースの石井が9勝目（3敗）。

7・20　☆インディアンス　○7－4
語学研修中の柔道の山下泰裕氏が観戦。「日本のみんなが、夢と勇気をもらっている」と激励。

7・21　☆ブルージェイズ　●0－8
8試合連続安打をマークするが、チームは8回降雨コールドで大敗。

7・22
今季から導入された年俸抑制のための課徴金制度に、ヤンキースのみが対象に。課徴金額は約1080万ドル（当時のレートで約12億9000万円）。
ドジャースの野茂が11勝目（8敗）。
マリナーズの長谷川が7セーブ目（1勝）。
エクスポズの大家が10敗目（7勝）。

7・23　☆オリオールズ　○4－2
6回1死一、二塁の第3打席。12球粘って、勝ち越しの中前安打。
ドジャースの石井が4敗目（9勝）。

7・24　☆オリオールズ　●3－5
メジャー100試合目。第3打席に中前適時打を放ち、自己最長タイの10試合連続安打に。「試合に勝つことが第一。連続試合安打にも特別な意識はない」。2001年のイチローを抜き、日本選手最多の70打点目を記録。

7・25　レッドソックス　○4－3
4打数無安打で、打率は2割9分7厘に。
イチローがメジャー3年目で初の2けた本塁打。

7・26　レッドソックス　●4－5
2試合連続無安打。「こういうときもある。いつも完璧には打てない」。チームはサヨナラ負け。

7・27　レッドソックス　●4－6
チームはレッドソックスとの首位攻防の3連戦に負け越し、1・5ゲーム差に詰め寄られる。
ドジャースの野茂が3連勝で12勝目（8敗）。

7・28
休養日。石川・星稜高時代、米国遠征のときにホームステイしたロサンゼルスの加藤敏夫さん一家を訪問。

レッズがボブ・ブーン監督を解任。大リーグの今季の監督解任は、マーリンズのジェフ・トーボーグ監督に続き、2人目。

7・29　エンゼルス　○6−2

今季2度目となる西海岸遠征の6連戦が始まる。エンゼルスのフランシスコ・ロドリゲスのスライダーを、右翼に11号ソロ。「ロドリゲスのスライダーは結構厳しい球だけど、どんな球でも甘く入ってくればチャンスはあるんですよ」

いつも試合前にキャッチボールをするラウル・モンデシーのトレードが決定。試合途中に姿を消す。

マリナーズのイチローが大リーグ通算600安打に到達。

ドジャースの石井が5敗目（9勝）。

レッドソックスのビル・ミューラー三塁手が、レンジャーズ戦で大リーグ史上初の左右両打席で満塁本塁打。1試合2本の満塁本塁打も史上12度目の快挙。

7・30　エンゼルス　○8−0

1回1死満塁で、バットが折れながらも2点適時左前安打。満塁では18打数8安打22打点。ロジャー・クレメンスは1999年以来の完封で、9年連続2けた勝利。

7・31　エンゼルス　○2－1

4試合ぶりの無安打。ヤンキースは、レッズの今季のオールスターメンバーのアーロン・ブーン三塁手を獲得。三塁手のロビン・ベンチュラをドジャースに放出。ブーン三塁手は、28日に解任されたボブ・ブーン監督の息子で、マリナーズのブレット・ブーン二塁手の弟。

汗かいて細胞目覚める夏　2003・8・16

夏に強いのはなぜか。確かに日本でも8月は成績が良かったし、今年も4本塁打しています。汗がいっぱい出るこの時期が好きなんです。汗をかくことによって、体の細胞が目覚める感じがします。春夏秋冬どの季節もそれぞれ好きだけど、夏の暑さはバテるというより、体が目覚めていく。そういう感覚ですね。ボルティモアも35度くらいありますが、何か日本的な蒸し暑さで気になりません。

こちらに来て、夏場にどうなるか多少の不安はありました。日本では6日戦って1日休むというリズムに慣れていましたから、ずっと試合が続くというのも不安でした。でも、暑いから、休みがないから嫌だなあと最初から思うのでなく、それが自分にとって逆にいいかもしれないな、と何でもプラスに考えていこうとしています。疲れがないと言ったら、うそになります。キャンプ中から、これまで3度ほど左腰に強い張りが出ました。でも、今はだいぶいい状態です。

本塁打は、甘い球にしっかり対応できているから打てています。今は結果を残した6月に劣らない感じの良さがありますが、ぼくは調子がいいとか悪いとかを考えるのがあまり好きではありません。実際には多少の好不調はありますが、ぼくは、自分のバッティングは常に同じだと思っているし、さらに向上させるにはどうすればいいのか、そればかりを考えています。だから、今悪いからどうする、今良いからどうだと、そういう考え方はしません。

では、次の段階はというと、レフト方向へ長打が打てれば、理想的ですね。ぼくはプルヒッター（引っ張る打撃をする打者）なので、意識してレフトに打つのはへたくそなんです。逆方向に打つのは簡単ではないでしょうが、本塁打数を増やすには絶対必要でしょうね。

ジェーソン（ジアンビ）みたいにパワーをつければレフトにもホームランが打てるのでしょうけれど、それは難しい。お手本はニック（ジョンソン）です。たぶん彼は、最初からレフト方向へ流し打ちをしようと思って、打席に入っていると思いますよ。内角に甘い球が来たら引っ張るという意識でしょう。だから、ボールを長く見ることができて、四球が多い。右投手のシンカー系のボールを打つには、彼のような打撃が理想でしょう。

引っ張る打撃の際にも、手首を返さない方がいいと思いますね。手首が返ってしまうと、バットが上がってしまい、ボールの上っ面をたたいてボテボテになる可能性が高くなります。今は、手首を返すイメージは素振りの段階から持っていません。日本でやっていたときと大きく違う点です。

西海岸への遠征では、レジー（ジャクソン）からも指導を受けました。投球に対して、腕を早めに深く引けということを言われたのですが、ぼくはあんまり手を意識する打者じゃないんです。下半身に意識を置いて、タイミングを取るタイプ。こっちに来てから、バットは後ろに引いて構えるようにしていますので、参考として聞きました。

先日、ニューヨークに中学時代の先生や野球部のコーチが訪ねてくれました。故郷の近辺は和菓子がおいしくて有名なんです。そんなおみやげがうれしかった。

日本は甲子園大会の真っ最中ですね。そういえば、高校野球を見ない夏なんて、それこそ物心がついてから初めてですね。

松井秀喜をめぐる主な出来事

8・1　アスレチックス　●2－3
ティム・ハドソンとの３度目の対戦はゴロ３つ。「しっかり捕らえているけれど、球が沈んでいる分、上っ面をたたいてしまう」。２試合連続無安打で打率３割を切る。この後、３割復帰は果たせなかった。チームは延長10回サヨナラ負け。

ドジャースの野茂が９敗目（12勝）。

エクスポズの大家が８勝目（10敗）。

ブルージェイズのロイ・ハラデーはエンゼルス戦に敗れ、ロジャー・クレメンスがブルージェイズ時代の１９９８年につくった球団記録の15連勝でストップ。

8・2　アスレチックス　○10－7
4試合ぶりの12号ソロを放つも、2失策。「こういう日もあるでしょう」と苦笑い。ドジャースの石井が、左ひざ痛のため故障者リスト（DL）入り。

8・3　アスレチックス　●1－2
この3連戦でアスレチックスの3本柱、ハドソン、バリー・ジト、マーク・マルダーの3人と対戦し、8打数1安打。「何度対戦しても、いい投手はいい投手ということ」チームは逆転サヨナラ負け。

8・5　☆レンジャーズ　○6－2
16連戦スタート。1回の第1打席で13号2ラン。打点は80に。クレメンスの登板試合での本塁打は4本目。「こうなったら毎日投げてほしいですね」マリナーズの長谷川が8セーブ目（1勝）。

8・6　☆レンジャーズ　●4－5
イチローが今季8つ目の補殺。

8・7　☆レンジャーズ　○7－5

2打数無安打も、7回に犠飛で1打点。これで41試合連続、5番打者で先発出場。ジョー・トーリ監督は「打順を動かしていないのは、彼が打点男だからだよ」。ドジャースの野茂が13勝目（9敗）。

8・8　☆マリナーズ　○9－7

ア・リーグ東西地区の首位対決の3連戦。2回の第1打席でイチローの頭上を越える14号同点本塁打。「うれしくはないですね」とイチロー。ドジャースのエリク・ガニエがカブス戦でセーブ。今季39のセーブ機会すべてにセーブを挙げ、シーズン39連続セーブで大リーグ記録を更新。

8・9　☆マリナーズ　●1－2

6番左翼手で先発。5番打者での連続先発は42試合でストップ。マリナーズの長谷川が9セーブ目（1勝）。

8・10　☆マリナーズ　●6－8

イチローが松井を評し、「何かチームの一員になった雰囲気は十分に受けますね。春先は、ちょっと一人だけ浮いてしまっている印象があった。相手としては警戒する選手になっている。春はその枠にはたぶん入らなかった」。長谷川が10セーブ目（1勝）。マリナーズとの今季9試合が終了。戦績はヤンキースの5勝4敗。

8・11　ロイヤルズ　●9−12

第3打席で本塁打（15号）。7月29日のエンゼルス戦、8月2日のアスレチックス戦、5日のレンジャーズ戦、8日のマリナーズ戦に続き、5カード連続で本塁打を放つ。

「甘い球を捕らえる確率は前より高くなっている。打った感触も良かった」

8・12　ロイヤルズ　○6−0

1998年から阪神、巨人に計4年間在籍したダレル・メイとの対戦。4回の第2打席で中前安打。

マリナーズの長谷川が11セーブ目（1勝）。

8・13　ロイヤルズ　●0−11

6試合連続安打を放つが、チームは今季最悪の11点差で大敗。試合後、ビールを片手に「皆さんもガバッと飲んで、今日の試合は忘れましょう」。

ドジャースの木田がメジャー昇格。1試合のみの先発で、再びマイナーに戻る予定。マリナーズの佐々木がメジャー復帰。1回を無安打。

8・14　オリオールズ　○8－5

満塁機の左邪犠飛など、3打数1安打2打点。7試合連続安打。米国、カナダで大停電。ニューヨークでのメッツ－ジャイアンツ戦は中止。ジャイアンツの選手は15日のモントリオールでの試合に向けて移動する予定が、バスが到着せず、シェイスタジアムに6時間も足止め。

気持ち分かってくれる人たち　2003・8・23

今回は、グラウンド内外でぼくを支えてくれる人たちの話です。

先月、ぼくへの一切の取材などを取り仕切ってくれている広岡勲・専属広報（36＝当時）とヤンキースとの契約が、延長されました。ぼくもほっとしているところです。彼は昨年までスポーツ新聞の記者をしていて、ぼくとは巨人に入団して以来の付き合いです。

ぼくの気持ちを分かってくれて、安心して仕事を任せられます。兄貴的な存在であったり、良き忠告者であったり。状況によって役割は違うのですが、ほとんどは同年代の友だちという感覚です。7歳年上だけど、お互いに意見は何でも言い合うことができます。ただ、10年以上の付き合いになるけれど、これまでに1度もけんかしたことはありません。彼は大学時代などにアメリカで生活したことがあるので、ぼくの分からないことをいろいろ教えてくれます。この前は、マンハッタンのデートスポットを教えてくれました。

「ロヘちゃん」こと、ロヘリオ・カーロン通訳（29＝当時）も、本当によくやってくれています。父親がインド人で、母親はフィリピン人。母親が外交官だったことで、東京の五反田で生まれ、高校卒業まで日本に住んでいました。年齢も近いし、日本人とアメリカ人の両方の感覚を持っているところがいい。キャンプのときはちょっと頼りなかったけど、今ではすっかりペースをつかんで、球場へ来るのがぼくより遅いこともあるくらいですから。

ぼくが面接をして、通訳になってもらいました。全部で3人と面接したんですが、彼には334人って言ってるんですよ。ぼくが呼んだときにはすぐ来てくれるけれど、出しゃばってもいけないと気を使ってくれます。そのおかげもあって、英語は野球に関することは大体分かるし、選手とのコミュニケーションも、徐々に取れるようになってきました。チームメートのガルシアが、カンザスシティでカジノに行ったので、どうだった？　と聞いたら、負けたって。その程度の会話ですが。投手交代のときに、センターのところにバーニー（ウィリアムズ）らと外野手3人で集まって何をしゃべっているのかよく聞かれますが、一応野球の話をしています。守備位置のこととか。そうでないときはスタンドを見て変な観客を見つけて、「何だアイツは」なんて話をしています。

代理人のアーン・テレムさんとは先日、ボストンで昼食をともにしました。普段もロへとか広岡広報のところへは連絡が来ているようです。代理人というとお金にがつがつしているようなイメージがあったけれど、彼にはそういうところがまったくない。見た目は普通のおじさんです。婦女暴行騒動に巻き込まれているバスケットのコービー・ブライアントの代理人でもあるんですが、その話題を振ったら「コービーの件は大丈夫」なんて言っていました。

松井秀喜をめぐる主な出来事

8・15　オリオールズ　○6－4

3回の第2打席で8試合連続の安打を放ち、大リーグ120試合目で、初盗塁となる二盗を決める。「当然サイン。スタートは悪くなかったんじゃないかな」

マリナーズのイチローがレッドソックス戦で満塁弾。長谷川が12セーブ目（1勝）。

ドジャースの木田が今季初先発。5回2失点で敗戦投手に。

8・16　オリオールズ　○5－4

3打数1安打で9試合連続安打。チームは延長12回を制し、3連勝。

カージナルスの田口がメジャー昇格。

ドジャースの木田がマイナー落ち。

8・17　オリオールズ　○8－0

ドジャースの野茂が14勝目（9敗）で、日米通算190勝目。日本からの大リーガー投手の通算300勝目。

マリナーズの長谷川が13セーブ目（1勝）。

8・18　☆ロイヤルズ　○11－6
7試合ぶりの1試合2安打以上。大停電後、初めてニューヨークに戻ったが、「冷蔵庫の中も、お茶とジュースだけ。たいしたものは入っていなかったしね」。

8・19　☆ロイヤルズ　○6－3
4試合連続打点で、新人トップの通算90打点に。ヤンキースの地区優勝へのマジックナンバー「32」が点灯。「地区優勝で満足するということはあり得ないでしょう」

8・20　☆ロイヤルズ　○8－7
5打数無安打。ヤンキースでは一人だけのノーヒット。「ボール球に手を出しちゃいました」。16連戦が終了。

「最終的には我々が勝つんだ」という意識　2003・9・7

レギュラーシーズンも終盤戦。ボストン（レッドソックス）とのゲーム差も、結構意識するようになってきました。今日（9月5日）負けて2・5ゲーム差。今年のボストンは、しぶといですね。

このところのチーム状態は、波に乗れそうで乗り切れないという感じです。投手と野手の歯車が、うまくかみ合っていないような気がします。ただ、先週のボストン戦でも初戦を落としながら2連勝するなど、いざというときの集中力があります。そういうチームの伝統なのかもしれません。この強さは、「競り合っても最終的には我々が勝つんだ」という意識を、みんなが持っている。ずっとヤンキースにいるメンバーには特に、その意識を感じます。ベンチュラやモンデシーらが去り、また新しい選手がどんどん入ってくる。そういう入れ替わりの激しさは、ある程度分かっていました。でも、実際に身の回りで起きると、これがメジャーなんだな、と驚くところはあります。守備コーチをしながら、毎日打撃投手も務めてくれるソーホーが、いきなり選手登録されたことも、すごいなと思いました。新聞とかには出ていたらしいけれど、ぼくは知らなくて、びっくりしました。いずれにしても、勝利のために最善を尽くすというチームの姿勢は感じます。

投手陣は、先発ローテーションが開幕からほとんど崩れていません。それが安定した戦いができている要因だと思います。攻撃陣は、一発の怖さのあるバッターはそんなに多くないと思うんですよ。でも、しぶとさがある。それに、ここというときに1本が出る。だからここまで首位を走ってこられたのでしょう。

ただ細かい点を言えば、守っていて内野のカットマンがいなかったり、挟殺プレーがお粗末だったり、日本の方が上だと思うこともあります。そういう基本の反復練習は、日本の方が時間をかけています。シートノックだって日本は必ず試合前にやりますが、こちらはやらない。中継プレーの練習なんて、ヤンキースでさえやらないですからね。

ボストンは強いですよ。打ちますから。守っていて迫力を感じます。ぼく自身は、ローには5割以上の成績を残していますが、ペドロ（マルティネス）とウェークフィールドには無安打。投手による打撃のばらつきは、自分でもなぜか分かりません。ウェークフィールドのようなナックルボールを多投する投手は経験したことがないですが、ローだっていい投手です。相性なんでしょうね。

今日対戦したペドロは何がすごいかと言えば、やはり制球です。甘いところにはまず投げてこない。配球も以前とは完全に変わりました。7月のボストン戦で、外に逃げる球をレフト方向に何本もいい当たりを打った。そうしたら、どんどん内角をついてくるようになりました。そこをどう攻略するかが今後の課題ですね。最近は結果が出ていませんが、ゴロばかりが目立った5月のような深刻さはありません。多少の疲れもあるし、うまく攻められているのもあるし、いろんな原因が合わさって結果が出ていないのだと思います。体調を整えて、いい準備をして、毎日試合に臨んでいくしかありません。

松井秀喜をめぐる主な出来事

8・22　☆オリオールズ　●3－4
2試合連続の無安打。「うーん。しょうがないでしょう」
ドジャースの野茂が15勝目（9敗）。
マリナーズの長谷川はレッドソックスのジェーソン・バリテックにソロ本塁打を浴び、リリーフでの連続無失点が29回で止まる。

8・23　☆オリオールズ　●2－7
2連敗で、マジック消滅。
マリナーズの佐々木が2敗目（1勝10セーブ）。マリナーズは今季初の4連敗。
ジャイアンツ、バリー・ボンズの父で、元大リーガーのボビー・ボンズ氏が死去。

2003年８月25日、世界制覇を果たしたリトルリーグの武蔵府中ナインと試合前に記念撮影
AP/WWP　New York Yankees

8・24　☆オリオールズ　○7－0
3打数無安打。湿りがちな打撃に「結果は良かったり悪かったりの連続ですから、しょうがない」。

8・25　☆オリオールズ　○5－2
ヤンキースがリーグ80勝に一番乗り。マリナーズが6連敗。アスレチックスにア・リーグ西地区の同率首位に並ばれる。
8・26　☆ホワイトソックス　●2－13
4月20日以来となる今季2度目の先発出場落ち。9回の守備で出場し、連続試合出場はつながる。「やっぱり最後に出場できたことはうれしいし、ぼくにとっては意味のあること」と松井。ジョー・トーリ監督は「バットの振りが鈍い。2日間くらい先発から外すことになるだろう」。

8・27　☆ホワイトソックス　●2－11
初の2試合連続の先発出場落ち。5回の守備から出場し、2打数無安打。「フラストレーションはない。十分に休養になった」

ドジャースの野茂が10敗目（15勝）。

8・28　☆ホワイトソックス　○7－5

3試合ぶりの先発も、4打数無安打。

マリナーズのイチローが、デビルレイズ戦で4打数無安打。打率を3割2分5厘に下げ、リーグ首位の座から転落。長谷川が今季初黒星（1勝13セーブ）。

8・29　レッドソックス　●5－10

1回に先取点となる2点二塁打。9試合ぶりの打点を挙げる。「試合は負けたけれど、今日の打撃があしたにつながればいいですね」

8・30　レッドソックス　○10－7

ヤンキース、地区優勝へマジック「24」。

タイガースが2年連続のシーズン100敗目。

8・31　レッドソックス　○8－4

ヤンキースのマジックは「22」に。

マリナーズの長谷川が14セーブ目（1勝1敗）。

9・1　ブルージェイズ　●1－8

3打数1安打で、4試合連続安打。

この日、ベンチ入り枠が25人から40人に拡大。このため、前日に選手契約を結んでいたヤンキースの38歳の守備コーチ、ルイス・ソーホーが、選手として登録される。打撃練習で「昨日は何が起こったのかと思ったけれど、今はとても興奮している。チームの勝利のために尽くすよ」。

ドジャースの野茂が11敗目（15勝）。

エクスポズの大家が11敗目（8勝）。

メッツ傘下の3Aノーフォークの新庄が、マイナーでの今季終了。

9・2

休養日にナイアガラの滝を見物。

マリナーズのイチローが、第5打席で16試合ぶりの打点となる適時三塁打。長谷川が2勝目（1敗14セーブ）。

ドジャース傘下の3Aラスベガスの木田がメジャー再昇格。

9・3　ブルージェイズ　●3－4
3打数無安打。「あしたはあしたで新しい戦いがあるから、その中で自分のベストを尽くしていく。それ以外ない。壁に当たっているとか、そういうふうには考えない」。ヤンキース、今季最長の23連戦が始まる。
ドジャースの野茂が右肩炎症のため次回先発を回避すると発表。

9・4　ブルージェイズ　○3－2
2試合連続の無安打。「5月からいろいろ経験しているわけだから、特別深刻になる必要はない」

9・5　☆レッドソックス　●3－9
シーズン最後のレッドソックスとの首位攻防3連戦。ここまで3度対戦し無安打のペドロ・マルティネスと対戦。安打は出ず。
前日の試合を休養したマリナーズのイチローが本塁打。

信頼してやまないトーリ監督　2003・9・13

今回は、ぼくが信頼してやまないトーリ監督のことを中心にお話しします。

監督は人間的に本当に素晴らしいと思います。自分の信念をしっかり持っていて、選手を尊重してくれる。報道陣にも選手の悪口は絶対に言わないと聞いていますし、ぼくの場合も連続試合出場のことや、打撃の結果が出ないときにずいぶん気を使っていただきました。個人的に、とても信頼しています。彼のもとでプレーできるということは幸せですし、今ぼくがあるのも監督のおかげと言って言い過ぎではありません。

監督の采配《さいはい》について、ぼくは深くは分かりません。ただ、負けても自分自身に対する批判はいくらでも受けるという、潔さをものすごく感じます。監督としての責任感が強いと言っていいかもしれません。我々に対して声を荒らげるようなこともなく、声が大きくなるのは審判に文句を言うときくらい。後は試合中でも、そうでなくてもほとんど変わりません。

シーズンも終盤になって何度か試合前にミーティングが開かれています。そこでも監督は静かに「自分がチームのためにできることをやってくれ」と語りかけます。

個人的には、以前にもお話ししたことがありますが、6月初旬にシンシナティで話し合ったことが印象に残っています。「今は打てていないけれど、守備とかチームにとっては大きな役割を果たしているから、自信を持ってやってくれ」と言われました。このことが、一番自分が落ち着けた要因になりました。最近は、半分冗談のような話ばかりですね。「昨夜は何やってたんだ」と聞いてくるから「彼女と会ってた」とか。もちろん、ぼくも冗談ですけれど。

ベンチでチームを引っ張るのがトーリ監督なら、グラウンド内の中心は、やはり今年からキャプテンになったジーター遊撃手ですね。2連敗を喫した後の9月7日のレッドソックス戦。左わき腹を痛めていたジーターが急きょ復帰してきて、大事な試合をものにしました。彼の存在はやっぱり大きいし、相手にとっても嫌でしょう。自然とリーダーシップを取っていけるタイプだから、やっぱりそういう育ちなんでしょうね。

ぼくも、よく向こうから声をかけてもらっています。最近はよく「ヒデキは守っているときにいつも帽子が飛ぶから、アゴひもを付けたらどうか」って言われています。

松井秀喜をめぐる主な出来事

9・6　☆レッドソックス　●0－11

エクスポズの大家が12敗目（8勝）。

9・7　☆レッドソックス　○3－1
マジック「19」。レッドソックスとの直接対決が終了。通算成績は、3連敗を免れたヤンキースが10勝9敗と勝ち越した。

9・8　☆ブルージェイズ　○9－3
8月11日のロイヤルズ戦以来となる1試合3安打。3打点は7月30日のエンゼルス戦以来。通算95打点となり、ジェーソン・ジアンビと並んでチームトップに。「確かに、一時よりは自分のバッティングの感じも良くなっている。これからどんどん良くなればいい」。マジック「17」。

9・9　☆タイガース　○4－2
第4打席で犠飛を放ち、チームトップの通算96打点に。
試合前、タイガースのマット・ロニー投手と帽子のサイズを比べっこ。勝負は8¼（約65・8センチ）のロニーが約2センチ上回る。「メジャーで唯一、一番だと思っていたのに……残念です」。同僚の「勝利」を知ったタイガース選手は、大喜びでハイタッチ。マリナーズの長谷川が2度目の救援失敗（2勝14セーブ）。

名門ヤンキースを率いるジョー・トーリ監督と
AP/WWP　New York Yankees

9・10　☆タイガース　○15－5
第2打席で、大リーガーとなって初めて、センターから左方向に本塁打。28試合112打席ぶりの16号。「レフト方向に本塁打することは一つの目標だった。あちらにも打てるという自信になった」。通算99打点に。

9・11　☆タイガース　○5－2
2試合連続の2安打。

米メディアで「松井は新人選手として扱っていいのか」との議論が沸き始める。新人王レースのライバルと目されていたロッコ・バルデリ外野手を擁するデビルレイズのルー・ピネラ監督は「松井が新人王を獲得するのは、マニー・ラミレス（レッドソックス）が日本へ行って新人王を取るようなもの」。ジョー・トーリ監督は「まったくの新人とは言えない。ただ、日本と米国ではレベルが違う」と松井を擁護。

米同時多発テロから2年。ヤンキースタジアムでも、試合前に選手、観客が犠牲者を追悼し黙禱《もくとう》。松井は「テロ当時に、ここにいたわけではないので、こちらの人の気持ちは分からないが、ああいうことがあったことは忘れないようにしたい。平和を祈る気持ちは皆さんと同じです」。

エクスポズの大家が9勝目（12敗）。

第4章
激動のポストシーズン

プレーオフ楽しみ　2003・9・25

地区優勝が決まりました。1年目から優勝の輪に加わることができて、素直にうれしい。シャンパンかけは数年前に日本でもやったことがありますが、目にしみるのはビールと一緒ですね。

派手に騒いだ一方で、チーム全員がこれから先の戦いが大事だということをすごく考えている。地区優勝は、プレーオフ出場の切符をもらった、くらいの意識でしょう。誰も口に出して言ったりはしませんが、特にヤンキースで長い間プレーしている選手はそういう気持ちでやっているんじゃないかと思います。日本にいたときの優勝とは意味合いが違います。日本では、優勝したら日本シリーズを戦える。こちらでは、この後、地区シリーズ、優勝決定シリーズとあって、ようやくワールドシリーズに進出できるわけですから。

ぼくがチームにどれくらい貢献できたかは、ベンチやファン、メディアが判断することであって、自分で自分を評価することはできない。ベストを尽くしてきた自負だけはありますが。ジアンビが「松井がいなかったら大変だった」なんて言ったそうですが、日本のメディアにサービスしたんでしょう。ぼくがいなくてもこのチームは強い。打点が100を上回っていることについても、周りの選手がそういう場面をつくってくれたことが良かった。ぼくにとってはラッキーな部分だと思います。

8月中旬まで良かった打撃ですが、その後苦しんだのは疲れが出たからでしょう。体が重く、スイングが鈍くなった。日本では夏場に疲れが出ることはなかったのですが、162試合の戦い方が分かっていなかったし、休養日のないことが影響したかもしれません。ただし、前半戦の打てなかった時期との違いは感じていました。深刻さはなかった。

キャンプでは自分がどれくらい打てるか、まったく想像できなかった。まずレギュラーを取って試合に出場し続けなければいけない、ということに集中していました。自分が1年間出場できるなんて保証はまったくなかったわけですから。キャンプのときは練習方法の違いから戸惑っていました。もちろんそれが当然なんですけれど。ただ、野球に対するアプローチや考え方は変わっていません。変えなくちゃいけなかったものと、変えないものとの整理はものすごくできたと自分でも思います。

6月に多少打ってから、ようやく落ち着いてプレーできるようになった。一番の転機はシンシナティでの試合（6月5日、1本塁打、3二塁打）。いろんな意味で好転し始めたのは、あのころからです。あの試合の数日前に報道陣の皆さんとバーベキューをしました。ぼくはそこで冗談交じりに「もうゴロ・キング（王）なんて言わせない！」なんて言ったんです。でも、翌日の試合の第1打席は、いきなりセカンドゴロだった。自分で打った瞬間、「全然直ってないな、だめだなこりゃ」と思ったりもしました。

まず外角球の攻略、それから内角球。次の段階では左方向への大きい当たりを打つ。段階を踏んできているものの、決して順調ではない。でも、少しずつ前進している。少しずつ大リーグでいい打撃をするためのものを出せているかな、という感じです。打撃はうまくいかなかった回数の方が断然多かった。もちろんそれが当たり前であって、いきなり日本にいるときのように打てるとは全然思っていませんでした。

ホームラン16本という数字は現在、ぼくがメジャーでホームランを打てる力はこれしかない、ただそれだけのことです。日本と同じように引っ張って打つ感覚で意識していたら、もっともっとホームランから遠ざかっていったでしょう。そのとき、そのときでベストを尽くしてやってきましたけれど、今年は長期的な展望で準備ができなかったから、そのあたりはしょうがない部分がありますけれど。日本でオーバーフェンスになっている打球が球場が広いために二塁打になったというケースも何回かありました。相手投手の球質の重さも関係しているでしょうね。

ツーシームといったこれまで、見たことのない変化をするボールをたくさん見てきたし、そういうボールが主流なわけですから攻略は難しい。16本は確かに少ないけれど、今年は受け入れるしかありません。

ただ、タイガース戦（9月10日）でヤンキースタジアムの左中間に入れたのは、大きな自

２００３年９月14日、大リーグの新人選手が受ける洗礼「ルーキー・ラギング・デー」で、豹柄のコスチュームに身を包む

AP/WWP　New York Yankees

信になりました。ああいう打撃が増えるとホームランも増える。ホームラン数を増やしていきたいという気持ちはもちろん持ち続けています。ホームランを打つだけが野球ではないけれど、本塁打数を増やすなら、左方向への打撃を意識してやらないといけませんね。

プレーオフはワールドシリーズを目指して、これまでとは違う気持ちで戦うと思うし、また、そうしなくちゃいけない。絶対に勝たなければならない緊張感の中で、不安がないと言ったらウソになりますが、すごく楽しみにしています。

松井秀喜をめぐる主な出来事

9・12　☆デビルレイズ　○10－4
マリナーズの長谷川が15セーブ目（2勝2敗）。
カージナルスの田口がアストロズ戦でメジャー初本塁打。

9・13　☆デビルレイズ　○6－5
☆デビルレイズ　○6－3
ダブルヘッダーの第1試合で走塁の際に打撲、途中交代するが、第2試合はフル出場。
ヤンキースは8連勝。

9・14　☆デビルレイズ　●2－5
ドジャースの野茂が自己最多タイの16勝目（11敗）。

9・15　オリオールズ　○13－1
6回の第4打席で左前適時打を放ち、150試合目で100打点に到達。ヤンキースの新人での100打点は、ジョー・ディマジオ以来、67年ぶり3人目。「100打点は区切りですし、近くなるにつれて達成したいと思うようになった。素直にうれしい」チームメートのアルフォンソ・ソリアーノが、2年連続の「30本塁打、30盗塁以上」をマーク。

9・16　オリオールズ　○6－3
5打数1安打も、3打点と貢献。12個目の補殺も記録し、イチローを抜いて2位に浮上。「イチローさんの場合は走者が止まるけれど、ぼくの場合は走ってくる」とにっこり。ドジャースの石井が6敗目（9勝）。

9・17　オリオールズ　●3－5
3試合連続打点をマーク。

ナ・リーグ西地区で、ジャイアンツが地区優勝一番乗り。

9・18　オリオールズ　△1―1

大型ハリケーン「イザベル」が接近。政府機関が業務停止する中で試合を強行したが、5回降雨コールドゲームで引き分け。

マリナーズの長谷川が救援失敗。サヨナラ負けで、3敗目（2勝15セーブ）。

ナ・リーグ東地区でブレーブスが12季連続（ストライキの1994年シーズンを除く）の優勝。

9・19　デビルレイズ　○2―1

新人王レースのライバルと目されていたロッコ・バルデリを擁するデビルレイズ戦。松井へのブーイングは、デレク・ジーターに次ぐ大きさ。「気にならないし、まったく問題ない。それが自分のバネになるようなこともない。周りからのことで、自分が左右されることは、まったくない」

ソリアーノが、大リーグタイ記録となる今季12本目の先頭打者本塁打。

ヤンキースはマジック「5」に。

9・20　デビルレイズ　○7－1

ヤンキースの9年連続となるプレーオフ進出が確定。地区優勝へのマジックは「3」に。「我々の目標はもっと高いところにあるから、この程度では満足できない」とジョー・トーリ監督。松井もクラブハウスの雰囲気について「まったく、いつもと同じでしたね」。

マリナーズのイチローが3年連続のシーズン200安打。新人からの3季連続は、大リーグ史上3人目。

ドジャースの野茂が12敗目（16勝）。

9・21　デビルレイズ　○6－0

2回1死一塁から、初の三塁打。地区優勝に王手。

マリナーズの佐々木が、アスレチックス戦の3番手で登板し、大リーグ移籍後初の満塁弾を浴びる。マリナーズの自力優勝が消滅。

ブレーブスのグレッグ・マダックスが、大リーグ初の16年連続15勝。サイ・ヤングの15年連続を更新。

カージナルスの田口が、アストロズ戦でメジャー2号弾。

9・22　ホワイトソックス　●3－6
ソリアーノがメジャー新記録の今季13本目の先頭打者本塁打。
タイガースがア・リーグワーストの118敗目。
マリナーズのジェイミー・モイヤーがエンゼルス戦で今季20勝目。40歳以上のシーズン20勝は、史上5人目。

9・23　ホワイトソックス　○7－0
ホワイトソックスに7－0で快勝し、ヤンキースが6年連続でア・リーグ東地区優勝。
マリナーズの長谷川が救援に失敗し、マリナーズの地区優勝の可能性が消えた。

伝統のボストン戦　準備怠らぬ　2003・10・9

いよいよボストンとのリーグ優勝決定シリーズが始まります。スポーツバーのテレビで、ボストン対オークランドの終盤戦を見ました。9回、オークランドの逆転サヨナラの好機に左打者が2連続見逃し三振に倒れた。相手のローのシンカーはすごかった。内角から中に入ってくる球で、ぼくにもよく投げてくるのですが、あれは手が出ない。ローは相性のいい投手ですが、やっぱり要注意ですね。

ツインズとの地区シリーズ第1戦、ヤンキースタジアムで国歌を聞いていたとき、これからプレーオフが始まるんだな、という気持ちになりました。試合前のミーティングでは、トーリ監督から「迷いのない気持ちでプレーして欲しい」というような話がありました。そういう気持ちでやっていれば、ミスを防げるということです。第1戦はちょっとミスが出ちゃいましたけれどね。

プレーオフは短期決戦で、レギュラーシーズンとは、1球1球の重みや、ひとつのプレーに密度の差を感じます。ちょっとしたプレーで流れが変わることがある。特に3戦先勝の5回戦制は初めての経験で、確かに味わったことのない緊迫感がありました。日本シリーズの

7回戦制より、ひとつ負けられないわけですから。特に第2戦は、負けられないという気持ちが強かった。あそこで負けたら、後は3連勝しかないわけですからね。ただ、ぼく自身は、特別緊張するようなことはありませんでした。

第3戦では第1打席に先制2ランを放ちました。試合の中では大きなホームランだったと思います。高めのボール球を打ちました。もちろん監督からボール球に気をつけろ、という話はありましたが、あそこは1死三塁で、最低でも犠牲フライを打たなければなりません。フライを一番打ちやすいボールだったので高めを振ったという場面でした。高めに目付けをしていたのが良かったかもしれません。当たりとしては完璧で打った瞬間ホームランだと思いました。勝てば王手、負ければ王手をかけられるという試合でチームの勝利につながる一打を打ててうれしかった。

リーグ優勝決定シリーズのボストン戦は、伝統のライバル同士の対戦ということで、すごい盛り上がりになることは間違いない。前回の対戦、1999年のリーグ優勝決定シリーズの第2戦を、ぼくはヤンキースタジアムで観戦した。本当にいいゲームで、7回のオニールの逆転打が印象に残っています。観戦していたゲームを自分がやることになるとは、不思議な感じです。

クラブハウスにはレッドソックスに関する分厚い資料が置かれています。投手の配球の傾向などは頭に入れて試合に臨む方ではないのですが、相手の攻撃や打球の特徴などは予備知

2003年10月５日、ツインズを下し、リーグ優勝決定シリーズ進出へ。
試合後のシャンパンファイトで、守備コーチから現役復帰した
ルイス・ソーホーと　　　　　　　AP/WWP　New York Yankees

識として知っておきたい。今年のボストンはとにかく、しぶとい。しっかり準備して試合に臨みたいと思います。

松井秀喜をめぐる主な出来事

9・24　ホワイトソックス　●4－9
マリナーズが2連敗。ア・リーグのワイルドカード争いで、レッドソックスがマジック「1」。マリナーズのプレーオフ進出が絶望的に。

9・25
ドジャースの野茂が日米通算3000奪三振を達成。試合には敗れ、13敗目（16勝）。レッドソックスが、ア・リーグのワイルドカードでのプレーオフ進出を決める。

9・26　☆オリオールズ　○11－2
☆オリオールズ　●2－3
プレーオフ地区シリーズの対戦相手がツインズに決定。
ドジャースの石井が7敗目（9勝）。
エクスポズの大家が、メジャー100試合目の先発で、2年連続2けた勝利となる10勝目（12敗）。
マーリンズがナ・リーグのワイルドカードでプレーオフ進出を決める。

9・27　☆オリオールズ　○6－2
マリナーズの長谷川が16セーブ目（2勝4敗）。

9・28　☆オリオールズ　○3－1
シーズン最終戦。両リーグで最多の全163試合に出場。ヤンキースでは1990年のロベルト・ケリー以来。ヤンキースの新人では、60年ぶり3人目。「終わってみれば、あっという間でした。まだプレーオフがありますが、自分としては無事に1年間、精いっぱい頑張って、それを全試合続けてこられたので、良かった」

9・30　☆ツインズ　●1－3
プレーオフ地区シリーズが始まる。相手はア・リーグ中地区1位のツインズ。7番左翼手で先発出場し、3打数1安打1四球。2回の第1打席でポストシーズン初安打を放ち、「最初に安打が出た方がいい。いいバッティングだった」。9回の第4打席では左翼に本塁打性の打球を放つが、相手左翼手のジャンピングキャッチに阻まれる。「いったかと思ったが、仕方がない。打撃としては良かった」。5回戦制の初戦を落としたが、「ぼくとしては、負け試合の中でも次につながるものがあった。1日試合が空くので、気持ちを切り替えて戦います」。

10・2　☆ツインズ　○4－1

打順がひとつ上がり、6番左翼手で先発出場。3打数無安打1四球。第1打席は1回2死一、三塁の好機に回ったが、3球三振。「大胆に内角を突かれた。前とは違う攻めだった。相手の意図するものにやられましたね」

10・4　ツインズ　○3－1

2回1死三塁で回ってきた第1打席で、初球の151キロ直球を右翼2階席へ2点本塁打。「最低でも犠牲フライを、と思っていたから、高めに目付けをしていた。そうでなかったら、あれだけ飛距離は出なかったかもしれない」。この本塁打が決勝打となり、ヤンキースはリーグ優勝決定シリーズ進出に王手をかける。

ナ・リーグのマーリンズがジャイアンツに3連勝（1敗）し、リーグ優勝決定シリーズ進出に1番乗り。ジャイアンツのリーグ2連覇はならず。

10・5　ツインズ　○8－1

4回にヤンキース打線が爆発。打者12人、松井の適時二塁打など4連打を含む6安打を浴びせ、一挙6点。リーグ優勝決定シリーズに進出。地区優勝に続いて2度目のシャンパンのかけ合いをし、「緊張感の高い短期決戦に勝って、地区優勝とは違う喜びがあるかもしれない」。

ナ・リーグでは、カブス（中地区1位）がブレーブス（東地区1位）を下し、リーグ優勝決定シリーズに進出。

10・6

ア・リーグのレッドソックス（ワイルドカード）は、アスレチックス（西地区1位）に2連敗の後3連勝し、リーグ優勝決定シリーズに進出。

10・7

ナ・リーグのリーグ優勝決定シリーズが始まる。マーリンズが延長戦を制し、カブスに先勝。

未知の相手は慣れっこ　平常心で戦うだけ　2003・10・19

いよいよマーリンズとのワールドシリーズが始まります。チャンピオンリングを勝ち取ることをみんな目指してここまでやってきたわけですし、最高の舞台でプレーすることは楽しみです。

マーリンズについて細かいことはまだ分かりません。オープン戦、交流試合でも対戦のなかった相手ですが、ぼくの場合、今シーズンの初めはずっとそんな状況の中で戦ってきたので、気にしていません。マイアミとニューヨークではずいぶん気温が違いますから、体調面も気をつけていきたいと思います。

それにしてもレッドソックスは強かった。第7戦はどっちに転がるか分からない試合だった。最後に勝利の女神がこっちにほほ笑んでくれて本当にうれしかった。ああいうすごい試合を勝つというのがヤンキースの強さというか、底力です。シャンパンかけは何度やってもいいもの。あと1回、ぜひやりたいですね。

第7戦のとき、ヤンキースタジアムへ地下鉄で行きました。マンハッタン北部で給水管の破裂があって、球場周辺が大渋滞になっていると聞いたからです。いろんな人種の人たちが乗った地下鉄を初めて利用して、ニューヨークを実感しました。初めてニューヨーカーになった気分でした。背番号55のTシャツを着ていたこちらの人もいましたが、ぼくには気づかなかったみたいです。地下鉄4号線はヤンキースタジアムの手前で外に出ます。ぱっと開けた景色の中にスタジアムを見て、新鮮さを感じました。

大事な試合の前に、トラブルがあって、嫌な予感というものはなかったけれど、車で行くか、地下鉄で行くか、ちょっと迷いました。普段と違ったことをして負けたら嫌だな、と思ったからです。

スタジアムまでのルートにこだわるなど、縁起をかつぐことはしないぼくですが、短期決戦になるとツキも大きな作用を持つと思います。第7戦の8回に放った右翼線の打球は、ファンがさわったために二塁打になりました。ファンがさわらなければ、一塁走者のバーニー（ウィリアムズ）が本塁に生還できたかもしれない。でも、あの後、ポサダに2点タイムリーが出たことが、自分のツキでもあり、チームのツキでもあると思います。

レギュラーシーズン、地区シリーズ、リーグ優勝決定シリーズと、開幕前はいずれもインド料理を食べました。今回もそうします。辛いものを食べると体に力がわく感じがします。カレーライスは母親のつくったものが一番ですけれどね。

ポストシーズンに入っても、平常心で戦える、と自信を持ってやってきました。ワールドシリーズでも、これまで通りで臨みます。

松井秀喜をめぐる主な出来事

10・8　☆レッドソックス　●2－5

ア・リーグ優勝決定シリーズ第1戦。6番左翼手で先発出場し、2打数1安打。7回無死二、三塁で迎えた第3打席で左犠飛を放ち、打点1。それでも、「流れがヤンキースに来ていたから、本当は安打か四球が良かったんでしょうね。そういう意味では、流れを切ってしまった」。

ナ・リーグでは、カブスがサミー・ソーサの2試合連続本塁打などで、マーリンズに12－3と大勝。1勝1敗に。

10・9　☆レッドソックス　○6－2

6番左翼手で先発し、3打数1安打1四球。5回2死二塁の第3打席で適時打を放ち、地区シリーズ第3戦から4試合連続の打点をマーク。「バッティングは悪くない。しっかりした準備をして打席に入れば、しっかりした打撃ができるということです」

大リーグ入りがうわさされる西武の松井稼頭央遊撃手が観戦。ヤンキースのブライアン・キャッシュマンGMは「ほかの球団の支配下にある選手について、コメントはできない。日本の選手に興味があることは疑いもないことで、時が来たら正しい選択をした

2003年10月16日、レッドソックスとのリーグ優勝決定シリーズ最終戦。
8回、ポサダのタイムリーで同点ホームを踏んでジャンプし、
全身で喜びを表す　　　　　　　　AP/WWP　New York Yankees

い」。

10・10
ナ・リーグ優勝決定シリーズで、カブスが延長戦を制し、対戦成績を2勝1敗に。

10・11 レッドソックス ○4－3
2－2の4回に、右越えの適時二塁打を放ち、勝ち越し。5試合連続打点。「基本的にストレートを待っていた。真ん中に甘いチェンジアップが来たから、ついていけた」。次打者のカリム・ガルシアが死球。直後の4回裏、ヤンキースのロジャー・クレメンスが、マニー・ラミレスに内角高めへ直球を投じる。報復と受け取ったラミレスがクレメンスに詰め寄り、乱闘騒ぎに。ヤンキースの72歳のベンチコーチ、ドン・ジマーが相手投手のペドロ・マルティネスに詰め寄り、投げ倒される。後に、大リーグ機構がレッドソックスのマルティネス投手とラミレス外野手、ヤンキースのガルシア外野手、ジマー・ベンチコーチの4人に罰金を科す。

10・12
カブスが3連勝し、ワールドシリーズ進出に王手。

ヤンキース－レッドソックスは雨で中止に。
マーリンズが4－0でカブスを下し、2勝3敗。

10・13　レッドソックス　●2－3
4打数無安打、3三振。ティム・ウェークフィールドのナックルボールに翻弄《ほんろう》される。「対策はあった。相手が、それ以上に良かったと考えた方がいいですよ」。8回の第4打席では、三振の直前に左翼へ惜しいファウル。相手本拠のフェンウェーパークは、「マツイ、サック（松井くたばれ）」の大合唱。「初めてじゃないし、自分の中では気にならないですね」

10・14　レッドソックス　○4－2
8回1死一、三塁の第4打席で、投手を直撃する三ゴロで4点目をたたき出す。「運がいいのか、悪いのか。一瞬、投直かと思ったから、まあ、そういう意味では良かったですね」。ヤンキースが王手。「我々としては、全力であと一つ勝つだけです」
ワールドシリーズ進出に王手をかけていたカブスが敗れ、3勝3敗。マーリンズが逆王手。

10・15　☆レッドソックス　●6―9

終盤の5失点で逆転負け。7回にはノーマー・ガルシアパーラの左中間を破った打球の処理で、敗戦の起点となる三塁悪送球を記録。「ちょっと慌てたかもしれない。ボールが抜けてしまった」。3勝3敗となり、ア・リーグ優勝決定シリーズは最終戦にもつれ込む。

マーリンズがカブスを破り、ワールドシリーズに進出。マーリンズは1997年以来のリーグ制覇。

10・16　☆レッドソックス　○6―5

延長11回、アーロン・ブーンの本塁打でヤンキースがサヨナラ勝ち。ヤンキースは3点を追う8回、1死からデレク・ジーター、バーニー・ウィリアムズ、松井、ジョージ・ポサダの4連続長短打で同点。松井は雄たけびを上げて同点のホームを踏んだ。「みんなの強い気持ちが、まさったんだと思います」

松井、ワールドシリーズへ。

4番の2試合、敵の研究が上回った。来年は雪辱　2003・10・28

マーリンズに敗れ、チャンピオンリングを獲得することができませんでした。本当に残念です。

第6戦に敗れた後は、今まで一緒にやってきた広岡広報と通訳の口へちゃんとで、韓国料理屋で焼き肉を食べました。3人でこの1年を振り返っていろいろな話をしましたが、ここまで短かったような長かったような、長かったような短かったような……。自分にいろんな財産ができたことは確かです。

まだ、シーズンが終わったという感じがしません。特に、荷物の整理にヤンキースタジアムのロッカーに来たりすると。ワールドシリーズの試合を振り返って、こうやれば良かった、などとは考えません。負けたのは事実だけど、終わったことは考えない。後は来年頑張るしかありません。

ヤンキースとマーリンズではそんなに差はなかったと思いますが、強いて挙げれば相手は投手陣が良かった。ヤンキースらしい攻撃をさせてもらえなかった。個人的にも4番に入った最後の2試合でチームの力になれなくて残念です。相手が結構、慎重な攻めをしてくるようになった。自分自身の変化はなかったと思いますが、研究されて抑えられた。最終戦で完封されたベケットの投球は、すべてが良かった。甘い球は少なく、制球が良かった。

レッドソックスとのリーグ優勝決定シリーズの第7戦で、ペドロ（マルティネス）から終盤3点差を逆転して勝った。あの苦しい戦いに勝ったのだから我々は負けるわけがない、頑張れば我々に勝利が来ると思い続けていたのですが……。チームとして負けたら、何も残らない。全員で勝利に向けて戦ってきた気持ちとかは大事にしないといけませんが、負けたら何も残らない。この悔しさを来年につなげるしかない。

個人的には、第2戦でカウント0－3からヤンキースタジアムのバックスクリーンへ本塁打を打つことができました。今シーズンの転機になったシンシナティ（6月5日）での一発に似た感触でした。あのときもカウント0－3でしたね。試合前に自宅で車の鍵が見あたらなくなり、大慌てしました。結局合鍵で運転しましたが、思えばあれはある意味で「吉兆」だった。この前もお話ししましたが、短期決戦のときはツキも大事。試合以外でツイていないことがあれば、試合で幸運を呼び込めるとも考えていました。食事も同じメンバーですなど気を使ったのですが、最後はだめでしたね。

この1年間、自信になったことは、日々ベストを尽くせば、試合に出場し続けられるということでしょうか。日を重ねていくごとに、不安はなくなっていきましたし、2、3、4月に比べると、今は全然違うと思います。いいときも悪いときもあったけれど、結果が悪いから落ち込むとか、そういうことに一喜一憂せず、次、次という気持ちでプレーすることができました。ただ、まだ足りないことはいっぱいあります。
今は、気持ちの中では来年に向かっていますが、ちょっとだけ休みたい。しばらくニューヨークにいて、チャンスがあればフットボールやバスケットなどを観戦したいと思います。

松井秀喜をめぐる主な出来事

10・18　☆マーリンズ　●2－3
ワールドシリーズ第1戦。5番左翼手で先発し、4打数3安打。しかし、試合は1点差で敗れ、「3安打の充実感はないですね。勝っていれば、そういうこともあったかもしれないですが」。

10・19　☆マーリンズ　○6－1
1回2死一、三塁の第1打席で、先制の中越えの3点本塁打。99回目を迎えたワールドシリーズで、日本選手の初本塁打。「ぼく自身、チームの力になることしか考えていない。ただ、結果的にファンの皆さん、野球好きの子供たち、いろんな人のパワーにつながってくれればうれしい」。ホームランボールは手元に戻る。「思い出として、持っていたい」

20日付のニューヨーク各紙が松井を高く評価。デイリー・ニューズ紙は「オクトーバー・モンスター（10月の怪物）」と絶賛。「ヤンキースがワールドチャンピオンになれば、最優秀選手（MVP）は松井」の呼び声も。
先発のアンディ・ペティットは、大リーグ記録に並ぶポストシーズン13勝目。

10・21　マーリンズ　○6－1

1－1で迎えた8回2死一、三塁で、左前に勝ち越し打。2試合連続で試合を決める一打を放つ。「基本的に、いつもと変わりない。打てる球を待って、しっかり打ったということです」。松井の活躍はチームメートも絶賛。勝利投手のマイク・ムシーナは「松井は人に期待されることがよく分かっている。日本のワールドシリーズを経験しているし、本当のプロだ」。ジーターは「彼はゲームを知っている。走者がいれば、きちんと流し打つ」。
ヤンキースのウィリアムズが9回に3点本塁打を放ち、大リーグ新記録のポストシーズン通算19本塁打。通算65打点も大リーグ新記録。

10・22　マーリンズ　●3－4

ヤンキースは9回に2点を挙げて延長に持ち込むが、延長12回サヨナラ負け。松井は3

打数1安打、2四球。「9回に追いついて、いい試合だったけれど、仕方ない」ヤンキースの300勝投手、クレメンスが大リーグで最後の先発登板。7回を3失点、勝ち負けはつかず。降板の際には、マーリンズの選手も立ち上がって拍手を送る。

10・23　マーリンズ　●4－6

マーリンズが王手。松井は、ワールドシリーズで4割台の好打率を買われ、ポストシーズンで初の4番に座るが、5打数無安打。「負けられない。負けたら終わり。でも、絶対勝つという強い気持ちを持つ以外は、いつもと同じです」

10・25　☆マーリンズ　●0－2

ワールドチャンピオンを逃す。2試合連続で4番を託されるが、4打数無安打。「最後の2試合、チームの力になれなかった」「悔しい。今はそれ以外にないですね」「今日負けた気持ちを忘れずにいることが大事。ヤンキースの一員である以上、ワールドチャンピオンだけが目的ですから」。松井、大リーグ1年目の挑戦を終える。

来年の挑戦、楽しみ　2003・11・19

最近のぼくは、ニューヨークで結構のんびりした日々を送っています。

先日、カーネギーホールでベルリン・フィルハーモニー管弦楽団の演奏を聴きました。クラシックは子供のころから好きだった。父親が好きで、よく寝る前とかに聴かされていた影響ですね。今でもたまにCDで聴くことがあります。カーネギーの音響は世界一とも言われていますし、そのうえ、世界有数の交響楽団が来ているわけですから、このチャンスを逃すわけにはいかない。ベートーベンの「田園」など約2時間半、リラックスした時間を過ごしました。

日本人の子供たちが通う小学校も訪問しました。こっちで育っている子供たちはいい意味でアメリカっぽくて元気ですよね。どんどん自己主張してくるし、見ていて気持ちがいいくらい。絵本の朗読は、ひらがなばかりで逆に難しかった。

あとは、フットボール観戦やゴルフ。

フットボール（NFL）はジャイアンツスタジアムにニューヨーク・ジャイアンツ対アトランタ・ファルコンズ戦を見に行きました。NFLを生で見るなんて初めてだったので面白かった。観戦というのは、いいですよね。いつも見られている立場だから、自分がお客さんになって見るというのは楽しい。

ゴルフはニューヨーク近郊にある昨年の全米オープンの会場でプレーしました。アップダウンが激しく、ラフが深いものすごく難しいコース。14ホールで日没になっちゃったけれど、タイガー・ウッズがプレーしたコースに出られて、面白かった。あまりやらないけれど、冗談を言いながらやるゴルフはすごく好きなんです。本当はクーパーズタウンの野球殿堂も行きたかったんだけど、今回は無理でした。

10月のポストシーズンは、毎日が充実していました。短期決戦で、緊張感が続き、何と言うか、ああ、野球やってるって感じでした。なかなか味わえない日々でした。やはり独特の雰囲気があった。すごくいい経験になりました。ワールドシリーズは、とにかく負けたということが悔しかった。最後の2試合で自分が4番で打てなかったからどうこう、という気持ちはありません。とにかく負けた。ただ、それだけです。

ヤンキースというチームで1年間やってみて、周りの人間はいい人ばかりで、人間関係で苦労することはなかった。でも、実力社会ですし、なおかつヤンキースには素晴らしい選手がたくさんいるので、そういう意味での厳しさはありました。まあ、それは当たり前のことであって、それ以外の部分で自分の気を煩わせるようなことは何ひとつなかった。

リラックスした日々を送りながらも、やはり野球のことが頭をよぎります。今は来年のことしか考えていません。今年のビデオを見ることから始めようかなと思っていますが、プランはだいたい頭の中にできている。毎年そうなんだけど、まずは意識。形よりもまず、すべてにより良いパフォーマンスを出すために意識を変えることから始めます。

兼ね合いで徐々にいいものを探しながらやっていくという感じです。

レフトへ強い打球を打つというのもそのひとつです。まず、その意識を持ってから、そのためにどういうことが必要か考えます。左手を押し込む意識を強く持つ、もう少しボールを長く見る意識を持つ。こうした来年への挑戦は楽しみです。でも、「自分はこれだけ準備してきた。結果がどう出るか楽しみだ」という気持ちで来年2月、キャンプ地のタンパのグラウンドに立たなくてはいけません。自分の頭と体が一致した状態でなかったら、楽しみも不安になってしまいます。もうすぐ帰国しますが、日本でやらなければならないことは多い。

ぼくは日本での10年間は本当に精いっぱいやってきた。だから最後のわがままを聞いてほしい、というつもりで大リーグの世界に飛び込みました。日本の野球という山を登っていたら、その先にさらに高い山があった。そうしたら、高い山に登りたいと思うのは自然な気持ちでしょう。1年を振り返って、大リーグに挑戦して良かったとか悪かったとか、そういうことは考えられない。こっちに来た以上はベストを尽くすだけだし、今はこの世界でやっていくしかないのですから。ただ、世界一のリーグでプレーできていることは幸せに感じます。そして、日々の生活の中で、野球に対しては自分なりにベストを尽くしたつもりだし、試合の中でもそう。これは自信を持って言える。成績については決して、素晴らしいものではなかったと思うけれど。

松井稼頭央選手も大リーグを目指すと聞きました。ぼくのたった1年の経験では何も言えないけれど、自分の気持ちを大切にして、自分を信じてやっていくしかないと思います。これは今後のぼくにも当てはまることです。

1年間、日本で、そしてアメリカで応援してくださった皆さんには感謝の気持ちでいっぱいです。来年のぼくの変化に、また期待してください。

松井秀喜をめぐる主な出来事

11・10

ア・リーグ最優秀新人賞（新人王）を小差で逃す。1位はロイヤルズのアンヘル・ベロア遊撃手で88点。松井は次点の84点だった。「自分はベストを尽くしたので、全然悔いはないし、残念だという気持ちも強くない」。1995年の野茂、2000年の佐々木、2001年のイチローに続く、日本選手4人目の受賞はならなかった。

11・21

成田空港着の航空機で帰国。

第2部　新たなる飛躍……2004年

第5章

そして、2年目へ

開幕、準備は万端　2004・3・25

いよいよヤンキースで2年目のシーズンが始まります。30日に東京ドームで開幕を迎えるわけですが、日本でピンストライプを着てプレーするイメージがまだわきません。ただ、ぼくにとっては素晴らしい舞台。とても楽しみにしています。

自主トレーニングからキャンプ、オープン戦と自分なりに順調に来られたと思います。このオフは休息をとったり、体力づくりをしたり。いつものように過ごしました。ただひとつ違ったのは、昨年初めてメジャーを経験したこと。その1年間の経験を踏まえて、今季への準備を進めることが課題でした。

例えば、打撃では、左方向に強い打球を打つのが、ぼくのひとつのテーマです。そのためには左手をうまく使わないといけないと思いました。左投げに取り組んでみたり、左手一本で打ってみたり。そうして、できるだけ球を引きつけて打ちたいと。まだ感覚をつかめる段階までいっていませんが、シーズンを通して成果が出てくればいいと思っています。

キャンプは自分のペースで取り組めました。昨季と違って、どういう練習をするのかが把握できていた。打つ。守る。走る。すべての練習において、自分がやらなくてはいけないこ

2004年3月6日、ブルージェイズ戦で、オープン戦初安打となる二塁適時打を放つ
©杉山晶子（朝日新聞社映像本部）　New York Yankees

とが明確に見えていて、そういう意味でも、やりやすかった。周りには1年間、一緒に戦った仲間がいっぱいいて、ぼくをよく理解してくれる。そのあたりにも居心地の良さを感じていました。

一方で、新しいチームメートとの出会いもありました。アレックス（ロドリゲス）やロフトン、シェフィールド……。どういう野球への取り組み方をしているのか、いろいろな選手を見ることは、すごく勉強になります。

アレックスは、練習をすごくします。それなのにバテない。みんな、やりたくても疲れてしまうから、あそこまではできない。練習できるすごさ、というのかな。もちろん選手としての技術も、人間的にも素晴らしい人です。ロフトンは守備の名人。球ぎわに強いし、スタートがいい。肩もそこそこ強い。強打者の印象が強いシェフィールドは、思った以上に肩が強く、スローイングがいい。いい右翼手ですね。

外野にはバーニー（ウィリアムズ）もいますし、競争の厳しさを常に感じています。ヤンキースみたいなチームは、いつすごい選手が入ってくるか分からない。そういう意味では、2年目の今年も、自分の立場に安心することはありません。

1年の経験があるから昨季ほどではないですが、開幕前はやはり不安です。巨人時代もそうでした。ちゃんと自分のプレーができるかどうか。もちろん、いい結果を出さないといけないという思いもあります。とにかく今年も、ベストを尽くして頑張ります。

松井秀喜をめぐる主な出来事（3〜4月）

大リーグ2年目となる2004年開幕シリーズは、東京ドームで行われた。「日本のファンの前でプレーするのは1年半ぶり。今までと違った松井秀喜をお見せしたい」。心身ともに大リーガーとなった松井の一挙手一投足に、ファンの熱い視線が集まった。

3月30日、デビルレイズとの開幕戦。その第1打席、松井は右中間を鋭く割る二塁打を放つが、チームとしては黒星スタートとなった。翌31日の第2戦、松井は第2打席に今季初打点をマーク。さらに、5回1死一塁で迎えた第3打席で今季1号となる本塁打を右中間席へ運んだ。試合はホームラン攻勢で12－1とヤンキースが大勝した。

前夜敗れたチームの空気をガラリと変えたのは、間違いなく松井だった。「マツイの主演映画だったね。開幕戦、東京での試合。この環境で平常心を保てる彼に、驚嘆する」。トーリ監督は、そう言ってから続けた。「マツイをまた米国に連れて帰ることを、ファンに謝らなきゃいけないね」

昨シーズンから、「左手の使い方」を課題にあげてきた松井。「ぼくは右利きだから、左手のパワーと微妙な感覚が、左利きの左打者より劣っている。それを進化させれば……」。左腕と背筋を鍛え、感覚を研ぎ澄ますことでつくり上げた、懐の深い新フォーム。2年目の松井の進化を予感させるバッティングだった。

アメリカに戻り、シーズンがいよいよ本格的に始まってからは、松井もチームもなかなか波に乗り切れずにいた。4月中旬まで松井は打率1割台と低迷。チームも19試合を終えた時点で、8勝11敗と負け越していた。

だが、松井は焦ることなく「どういう試合であろうと、自分のできることをやるだけ」と、淡々と語っていた。日によって結果が出たり出なかったりはあるけれど、各打席で安打になる確率が最も高い球に手を出している、という思いがある。「相手も多少分かっているし、余裕もあると思う」。その言葉には、2年目の自信が感じられた。

4月後半からは、松井のバッティングに復調の兆しが見え始め、徐々に快音が聞かれるようになる。順調に安打を重ね、23日のレッドソックス戦では、今季第2号となる本塁打を放つ。チームも4連敗を止めると、27日から8連勝。4月を終えた時点で12勝11敗とし、大リーグ記録となる13年連続の4月勝ち越しを決めた。

【3～4月の成績】打率2割8分2厘、本塁打2、打点10。

2004年３月31日、東京ドームでの開幕第２戦、今季１号本塁打を含む
２安打３打点の活躍をみせ、日本のファンに笑顔で応える
©樫山晃生（朝日新聞社映像本部）　New York Yankees

いらいら、見せないよう　2004・5・5

開幕から1カ月が過ぎました。昨年の経験があるから、余裕を持ってできています。野球も、そして生活も。

4月は成績を見ればチームは苦しみました。ライバルのレッドソックスに地元で3連敗もし、その時点で8勝11敗。昨年の16勝3敗と比べればずいぶん悪いですが、それは去年が良すぎたのです。チームの雰囲気は悪くなかった。ジーターなんて32打数も無安打だったけど、ロッカーでは平気な顔をしていました。

そんな中、ぼくはたとえ打てなくても、いらいらした姿は見せないように心がけていました。勝たなくてはいけないけれど、選手一人ひとりができることはそんなに大きくはない。いつも言っていることですが、どんな状況であれ、常に自分ができることを精いっぱいやることが大事だと思っています。

もうひと月以上も前のこととなりましたが、東京ドームでの開幕シリーズは、ぼくにとって思い出に残る試合となりました。第1打席で二塁打、2試合目に本塁打を打てたのも、大声援で後押ししてくれたファンのおかげです。

日本ではあまり何もできませんでしたが、自宅に帰ったときに、周りにいっぱいの桜が咲いているのを見られたのがラッキーでした。去年は見られませんでしたから。

波に乗れなかったチームも、今（5月2日時点）は6連勝中で貯金も3になりました。連敗を脱出したアスレチックス戦は敗戦濃厚の8回に逆転したのですが、あれから勢いと安定感が出てきました。やっぱり勝ち星というのはチームに一番いいものをもたらしてくれる。その勝つことが一番難しいのですが。

5月1日に打った3号本塁打は左方向でした。前回、左中間方向への強い当たりを意識していることに触れましたが、あれは、練習でということ。試合になると、打球の方向を意識することはほとんどないです。

打撃というのは相手投手、場面によって変わってくる。常にニュートラルな位置にいて、投手に向かっていくようにしています。だから、たとえいい打撃をしても、その感覚を次の打席も続けようとは思いません。良かったことを忘れることも大切です。

まだ25試合。残り137試合ですから、これから日本のシーズンが始まるのとほぼ同じです。まだ順位を考える時期ではありません。

ところで、日本では慎之助（巨人の阿部）が打ちまくっているそうですね。彼に何が起こっているんでしょうね？

松井秀喜をめぐる主な出来事（5月）

7日からはマリナーズとの今季初対決3連戦。初戦、イチローは4打数2安打で大リーグ通算700安打に到達し、チームを勝利へと導いた。一方の松井は、1安打2四球で出塁と堅実な働きをしながらも、試合の流れを変えるまでには至らなかった。9日、松井は6－6で迎えた8回、マリナーズの4番手で登板した長谷川から決勝の左犠飛を放ち、チームの勝利に貢献した。

13日のエンゼルス戦では、2三振の後、真ん中やや低めの甘い直球を見逃さず、打った瞬間に分かる豪快な4号ソロを放った。

その前日、「ちょっと振り遅れているんだよ」と話していた松井。手元で変化する球を見極めようと引きつけるあまり、「甘い」と判断するのがわずかに遅れる。そのため、三塁側へのファウルになったり、飛球になったりしていた。

だが、この日は1打席目から違っていた。強引とも思えるスイングを続け、2打席目には本塁打か、という当たりを右翼ポール際に。結果はともに三振だったが、これで本来のバッティングを取り戻したのか、第3打席はスタンドまで運ぶことができた。

なかなか本塁打が出なかった4月も、「焦りはない」と言い続けた。その言葉通り、5月に入り、三振を恐れなくなったためか、調子が上がってきた。「甘い球をきっちり打てている」。それは、甘い球が来るまでじっくり待てている、ということでもある。

大リーグの外角のストライクゾーンは広い。追い込まれると、そこをつかれる。だから、早いカウントでもストライクゾーンに来た球に対応する。この「対応する」という打撃こそが、東京ドームでの開幕当初の姿だった。だがその後、安打は出るものの自分の間《ま》で打てず、本塁打が出ていなかった。それが、先のマリナーズ戦あたりから、ボールを選べるようになってきた。

「しっかり、いいスイングさえできれば、いい打球が飛ぶと信じている」。打席で自信が持てるのは、事前の備えができているからだ。「もちろん、相手の特徴によって対策を立てている。それがうまくいくことが多い」。首脳陣も繰り返す2年目の「慣れ」だ。マッティングリー打撃コーチは「振りの鋭さや選球眼の良さは言うまでもない。2年目で相手投手の球筋が分かってきたのが大きい。相手を知れば知るほど打てるようになる」とその後の飛躍を予言した。

待つことで追い込まれる場面は増えた。それでも、13日のエンゼルス戦での本塁打以降、14試合で5本塁打と、巨人4番時代のような力強さが出てきた。週間MVP（最優秀選手賞）にも選出され、昨年6月以来、2度目の受賞となった。

【5月の成績】打率3割5分1厘、本塁打6、打点20。

安打、今はこだわらない　2004・6・13

6月に入って少し数字が落ちていますが、特に何か変化があったわけではないです。自分の成績が良くなれば警戒されるし、投手が良ければ簡単には打てない。それを何とか打ちたいと思う。その繰り返しです。

5月は打率3割5分1厘、20打点、6本塁打で、週間最優秀選手にも選んでもらいました。昨季と一番違うのは、やはり「経験」です。いろんな準備を立てやすくなった。日々のルーチン（決まり事）は変わらないけれど、相手投手の対策は、何回か当たっているうちに「感覚」として出てくるもの。実際に打席に立つことが大きいんです。

ぼく自身のスタンスは1年目と変わらないけど、ずっと試合に出してもらえていて、そこで得るものがある。試合に出て、いろんな経験をして、少しずつ階段を上っていくタイプですから。そういう意味で、一言で言ったらやっぱり「慣れてきた」ということです。

そんな中で、今年も交流試合の時期を迎えました。チームにとって23年ぶりというドジャースとの対戦が組まれていて、野茂さんや石井投手との対戦があるかもしれません。野茂さんは、日本の選手が今、メジャーでたくさんプレーしているけど、その一番の先駆者ですか

メッツとのサブウエー（地下鉄）シリーズを前に、松井稼頭央と談笑
©田中宣明（JS）　New York Yankees

ら。大きな道を開いてくれた人であるのは間違いない。尊敬の気持ちを持っています。ただ、プレーヤーとして特別に意識することはありません。グラウンドでは敵と味方ですからね。石井投手は久しぶりですね。特に最初に対戦したころは打ちにくかったけど、イメージが変わっているのかどうか。当たったら打つように頑張る、それしかないです。

日本選手といえば、今季はイチローさんが日米通算で、清原さんは日本で、2000本安打を達成されました。ぼくも日米通算であと約270本だそうです。でも、今の自分は2000本という数字にはあまりこだわりを持っていません。日本でプレーしていたら、そういう数字を意識していたのかもしれないけど、こっちに来てしまったら日本で残した成績と、こっちで残した成績は自分の中ではそんなにつながっていない。日米通算でどれぐらいなんて、考えたこともないです。

日本では巨人が首位に立っているそうですね。今みたいに勝っていれば気にならない。キープ・ゴーイングです。負けてるときはやはり心配になります。どうしたのかな、とね。キープ・ゴーイングなんて言っちゃいましたけど、英語は全然です。周りが話していることは徐々に理解できるようになったけど、コミュニケーションをとるところまではなかなか。聞くより、しゃべる方が難しいですね。今季も通訳のロヘちゃんがマイ・イヤー、マイ・マウス（ぼくの耳と口）です。

松井秀喜をめぐる主な出来事（6月）

1日、本拠地でのオリオールズ戦において、今季9号の同点2ランを、4日のレンジャーズ戦では右中間へ今季10号のソロ本塁打を放つ。昨シーズンよりも1カ月以上早く、53試合目で2季連続の2けた本塁打に到達した。

8日から、ナ・リーグとの交流試合が始まる。ロッキーズとの3連戦に続き、11日からはパドレスとの3連戦。その初戦、9回2死の場面でパドレス・大塚と対戦するが中飛に打ち取られ、4打数無安打。翌12日は松井の30歳の誕生日だったが、やはり無安打に終わった。同じ74年生まれだが、誕生日が少し遅いジーターからは「トシヨーリ（年寄り）」と何度も冷やかされていた。

絶好調だった5月に比べると、6月に入って安打の数はいまひとつ。それでも「調子の波はどうしてもある。自分が準備したことをしっかり（打席で）出せているかどうかが大事で、結果は気にしていない」。

13日、9回2死から逆転のきっかけとなる11号アーチを放つ。パドレスの抑え、ホフマンの直球を右翼席上段へ。「久々に完璧だった。最近はスランプというか、打てない時期がぼくには長く続いているように感じていたけど、これがいいきっかけになってくれれば」と顔をほころばせた。

18日からは、松井にとって初のドジャースとの交流戦。チームにとってもレギュラーシーズンでは初めて。81年のワールドシリーズ以来、実に23年ぶりという顔合わせだ。初戦、9回に昨年のサイ・ヤング賞（最優秀投手賞）のガニエの初球154キロの内角速球を、バットを折りながらも力でセンター前へと運ぶ。「ストレートを待っていた。詰まったけれど、いいヒットだった」。19日には、ドジャース・野茂と日米を通じて公式戦で初対戦。松井は1点リードした1回、今季12号となる3点本塁打を放つ。

ニューヨーク対決となるメッツとのサブウエー（地下鉄）シリーズは、26日、ヤンキースタジアムで第1戦が行われた。松井は今季14号ソロ本塁打を放ったが、チームは敗れた。翌27日のダブルヘッダー第1試合、8回無死満塁で松井登場。救援の左腕スタントンの外角低めを狙った球が、真ん中へ吸い込まれていく。松井は迷うことなくバットを振り切った。きれいな弧を描く完璧な15号本塁打。右中間席への打球を見届けながら、松井がゆっくり走り出すと、大歓声がわきおこった。

1年目は本拠地初戦で満塁弾を放つなど、満塁のチャンスでは2本塁打を含む23打数10安打。だが、2年目はそれまで13度の満塁機で無安打に終わっていた。「打席に入るときは考えてない」と話していたが、気になるデータを一振りでぬぐい去った。

【6月の成績】打率2割1分、本塁打7、打点20。

印象に残る逆転劇　2004・7・13

昨年に続いてオールスター戦に出られることになりました。32人目を選ぶルールがあるとは知らなかったので、びっくりしました。5人の候補の中からファンに選んでもらえてうれしかったし、ラッキーでした。大リーグは、常にファンを意識していると思います。それは大事なことで、当たり前といえば当たり前のことなんですけど、すごく、そう感じる場面が多いですね。

前半戦は日々ベストを尽くせた。自分のやることはしっかりやってきた。その意味では満足しています。ぼくは常にチームがいい方向にいくために頑張っている。だから最も印象に残るのは8回裏の6点で逆転勝ちした4月27日のアスレチックス戦かな。レッドソックス戦に3連敗した直後で、あの試合からヤンキースらしい戦いができるようになったと思います。

自分の成績では、よく本塁打のことを聞かれます。昨季より多い17本。数字を意識はしませんが、いいことだとは思います。強い打球が打てている。去年の経験が多少生かせていると感じる。

どれも納得できる打球でしたが、中でも覚えているのは6月13日のパドレス戦で、0－2

2004年６月13日、交流試合のパドレス戦で、９回２死から
８試合ぶりの11号本塁打を放つ
AP/WWP　New York Yankees

の9回2死から打ったホームランかな。その後、追いついて、延長12回にも先行されて、最後は逆転勝ち。その足がかりになったわけで、あの本塁打はすごくうれしかった。

あと、中堅から左方向の本塁打が4本あるのもいいですね。今季はずっと左に強い打球を打ちたいと思ってやってきた。もともと右方向へはある程度、強い打球が打てると思うから、そのへんのバランスがもっと良くなってくればいいんですが。

球場外では、今年は月曜に休みが多かった。買い物に出かけたり、普段行けないレストランに行ったり、ゆっくり友だちとしゃべったり。時間を有意義に使えました。米国の街に出ても徐々に自分が認知されてきているのは感じますが、日本にいるときほどは気を使わないで過ごせますね。

では、オールスター戦に行ってきます。あの舞台を踏めるのは選手として最高に光栄なこと。すごい選手ばかりで、試合を見るだけでも楽しみです。後半に、ちょこっとは出場できるでしょうから、ベストを尽くしてきたいと思います。

松井秀喜をめぐる主な出来事（7月）

11日の対デビルレイズ戦。7回に17号ソロ本塁打を中越えに放ち、オールスター戦を前に、昨季の16本塁打を上回った。「確かにペース良く出ているかもしれないけど、そんなに打っている感じはしない。打者はどうしても反省点が残ることが多い」

前半戦を打率2割9分4厘、17本塁打、58打点で終えた。チームの主力の中では、打率と打点がシェフィールドの3割2厘、59打点に、本塁打は22本のA・ロドリゲスに次ぐ好成績だ。トーリ監督は「昨季は自分の力を測る期間だったんだろう。経験を生かし、自分が何をするべきかよく知っている」と評価した。

また、近鉄とオリックスの合併に端を発したプロ野球再編問題については、「ファンや選手の声を聞いてほしい」「みんなで議論を尽くしてほしい」などと訴えた。

13日、テキサス州ヒューストンのミニッツメイド・パークで第75回オールスター戦が行われた。松井は最終投票でア・リーグ32人目の選手に選ばれ、2年連続2回目の出場。9回1死一塁の場面に代打で登場したが、ドジャースの守護神ガニエに抑えられた。「甘い直球だったけど、思い切り振って空振り三振したんで、いいと思う」

15日、公式戦が再開。松井はタイガース戦に先発出場し、日米合わせて1500試合連続出場を達成した。「うれしい。他の記録は別物だけど、連続出場だけは唯一、つながるものだと思っている。続けられるものなら、続けていきたい」

節目の試合に自ら祝砲を放つ。4回、左方向へ舞い上がった打球は18号本塁打となった。「今季はずっと左方向に強い打球を打ちたいと思ってやってきた」。風にも助けられたが、成長を見せつける一発だった。

試合中、春先に脳梗塞《こうそく》で倒れ、リハビリ中の長嶋茂雄・元巨人監督から、松井の広報担当者に電話があった。「40本、いける。狙わなきゃ」。託された言葉を聞いた松井に笑顔が広がった。「元気で電話してくださったのが、うれしい」。

20日、デビルレイズ戦では3三振を喫し、「状態は悪くないし、バットも振れている。(球に)当たらないだけで」と苦笑。オールスター後の6試合で20打数2安打、7三振の打率1割。18号本塁打以降、引っ張ってのゴロが目立つ。外角主体の配球も厳しさを増している。「ちょっと大振りになっている」とトーリ監督も指摘したが、7月上旬の好調さは、逆に打撃を狂わせる要因にもなり得た。

だが、25日の対レッドソックス戦、松井は大リーグ最古の球場・フェンウェーパークで初の本塁打を飾った。今季2本目の満塁弾となる19号。「ここで打てたことはうれしいですが、それ以外の感情は別にないですよ」。淡々とした口ぶりの中に復調の手応えが感じられた。

【7月の成績】打率3割3分3厘、本塁打4、打点18。

松井秀喜をめぐる主な出来事（8月）

1日のオリオールズ戦では、2点を追う4回1死満塁、同点二塁打を放った。ロドリゴ・ロペスにはこれまで14打数2安打と分が悪かった。第1打席の2回も5球目、ひざ元の厳しいシュートを見逃して三振を喫したが、しっかり球筋を分析していた。「自分の打ち返しやすい球を探した結果、アウトコースを打つ方が、外野飛球にもなりやすいと」。その通りに体が動いた。左翼線への二塁打。強引さが消え、同時に力強さが戻ってきた。

6日、ブルージェイズ戦。1回に21号同点3ラン、3回に22号ソロ本塁打を放った。チームの勝利に貢献するとともに、打率も3割1厘と、6月8日以来の3割復帰。「最高ですね」。メジャー初の1試合2本塁打、自己最多の6打点に、会心の笑顔を見せた。「本塁打数は意識しないようにしている。まったく意識しないわけじゃないけど、目標の数字があるわけでもない。ただ増えていけばいい」

この日の試合前、難病と闘う13歳の少年を激励。入院先を訪ねてサインや記念撮影をした。「少しでも、病気と向き合っている日本人のエネルギーになれるなら」と松井。「頑張るよ」と約束して臨んだ試合での活躍に「ホームランを打つよ、と言っておけばよかったね」。

13日のマリナーズ戦では、1安打1四球、2得点。「球が見えている」。2回、今季64個目となる四球を選び、次打者シエラの左中間二塁打で先制の本塁を踏んだ。また、4回2死一、二塁の場面では、外角球を強いゴロで遊撃右へ返し、シエラの満塁弾をお膳立てした。この日の生還で、今季の得点は81になった。

「出塁している回数が若干、多いんでしょう。それに、後ろの打者が返してくれるし」。昨季3割5分3厘だった出塁率は、現在3割9分5厘を記録。四球、得点、出塁率など、打撃3部門（打率、本塁打、打点）に比べると目立たない数字にも、メジャー2年目の進化とチームへの貢献度が表れている。

15日、今季最後のマリナーズ戦で今季初の4番に座った松井は、24号本塁打を含む2安打2打点の活躍を見せた。続く17日のツインズ戦では、チームは敗れたが、その中で松井の攻守が光った。特に守備では、7回にさく越えの飛球を好捕。「本塁打を捕ったのは人生初かもしれない。いいプレーだったと思う」

27日のブルージェイズ戦、2回の第1打席も初球からフルスイング。外角の沈む球にバットが空を切った。「直球系のイメージを持っていて、空振りしてしまった。でも（その球が）ストライクで、しっかり振れていれば、それはそれでいい」。2球目の内角球を見逃したが、追い込まれても動じる気配はない。そして4球目、11試合ぶりの25号本塁打が飛び出した。「今日は練習から、感じがすごく良かった」

31日のインディアンス戦、首位ヤンキースは球団ワースト記録の点差となる0－22で大敗。2位レッドソックスとのゲーム差は3・5に縮まった。

【8月の成績】打率3割3分3厘、本塁打6、打点23。

宿敵が猛追、でも追われる方が楽　2004・9・6

アテネ五輪が終わりました。過去の五輪は日本でテレビ観戦しましたが、今回は、ほとんど見ていません。北島君が泳いでいる映像をちょっとだけ見ましたけど、こちらでは日本選手の映像が流れないし、ニュースで結果を知るだけ。感動の瞬間は味わえませんでした。あれだけ日本選手の活躍がすごかったから、国内は盛り上がったでしょうね。ただ、野球は、豪州に負けるとは思いませんでしたけど……。

その五輪期間から、ヤンキースはレッドソックスに激しく追い上げられています。でも、試合になればゲーム差は関係ない。試合に勝つことしか考えていないし、相手のことは我々がどうこうはできない。直接対決でない限り、どうしようもないわけですから、もう、我々のやるべきことをやるしかありません。

よく「追う者の強み」と言われますが、ぼくは絶対に追う方がきついと思います。だって、必ずビハインドがあるわけですから。開き直ってやれるとか、そういう面はあるかもしれないけれど、ぼくは追われている方がいい。何でもそうですが、リードしている方が楽ですよ。巨人時代の96年、最大11・5ゲーム差を逆転した、いわゆる「メークドラマ」の年を振り返っても、やはりそうでした。いくら自分たちが勝っても、相手が負けなければ何にもならない。相手の負けを祈るというのは、本当にきつい。楽観的に考え過ぎてはいけないと思いますけど、我々がやることさえしっかりやっていれば、まだ大丈夫だと思っています。先発投手が試合をつくってくれれば、何とか点は取れるチームですからね。ただ投手のことは、ぼくには何ともしようがないので、それこそ、好投を祈って守っているしかないんですけど。

個人的には、昨季を上回る数字を残せている。今の姿勢を継続していければ、いい結果が残せる可能性は高いと思います。でも別に数字を意識する必要はないんです。いつも言っていますが、打席で自分がやるべきことをしっかりやって、悔いを残さなければ、それでいい。

例えば打率3割と30本塁打のどちらをクリアしたいか、と聞かれても、どちらにも、そういう気持ちはありません。ぼくは数字に追われて野球をするのは嫌だし、あまり楽しくないと思う。とにかくチームが勝つこと。そして、自分がやろうとしていることをしっかりやれるかどうか。それだけです。とはいえ、数字は高いにこしたことはないですから、3割や30本をクリアできればうれしいし、結果的にそうなってくれればいい、とは思いますけどね。

松井秀喜をめぐる主な出来事（9～10月）

7日、デビルレイズ戦に2試合連続の4番で出場。2点を追う1回、19打席ぶりの安打となる2点適時二塁打を右翼線に放つ。「甘い球が来たから、しっかり打てたということです」。4番という打順については「ぼくは打順によって（打ち方などが）変わることはない。たまたま、今日は良かったということです」。チームも16安打を放って圧勝。「松井は息を吹き返した。2番A・ロドリゲス、4番松井で4打点。私はこの打順が気に入っている」とトーリ監督も満足顔だった。

17日から、3・5ゲーム差で2位のレッドソックスとの3連戦。1点を追う4回無死一、三塁の同点機で松井登場。初球の内角球に詰まって浅い右飛に倒れる。珍しくバットを地面にたたきつけた。結局4打数無安打に終わり、チームも逆転負けを喫した。翌18日も4番左翼で出場。6点リードの2回無死一、三塁の場面で内野安打を放ち、2年連続100打点に到達した。チームではシェフィールドに続き2人目。「うれしい。打点を期待してぼくを起用していると思うし、そういう打順を任されている。一つの目安になる」。普段あまり数字にこだわらない松井が素直に喜んだ。

24日より、地区7連覇までマジック「6」となったヤンキースと2位レッドソックスの直接対決3連戦。1点を追う8回、11試合ぶりとなる27号本塁打を放ち、試合の流れを変えた。真ん中低めの沈む90マイル（約145キロ）をすくい右中間へ。通算21打数2安打と苦手だったペドロ・マルティネスをとらえた。「優勝に若干近づいたかな」

29日、本拠でのツインズとのダブルヘッダー。第1試合の7回に29号の右越えソロを、第2試合では1回、先制3ランを左翼席へ放つ。「自分でもびっくり」という2試合連続アーチで、30本の大台に一気に到達。2年目の集大成と言える本塁打だった。

「イメージ通りの打撃ができた」。左方向へ強い打球、それは今季を通じてのテーマだった。外角のストライクゾーンが広いアメリカで、球を引きつけ、流し打つことで活路を開いた。松井は打席に入るとき、狙うコースを絞っている。そして「そのあたりに来た甘い球は、どういう球種でも打ちにいく」。その結果、早いカウントでの快打が多かった。今季の初球打ちは78打数36安打、打率4割6分2厘という高打率。「だんだん本塁ベースを広く使っていくのがバッテリーの基本。追い込まれれば追い込まれるほど、甘い球が来る確率は低くなり、ボール球に手を出す確率も増える。早いカウントから打っていくのは当然なんです」。2年目で相手投手の特徴や球筋のデータを蓄積させたことが生きている。

翌30日のツインズ戦。1点を追う7回、松井が同点ソロとなる31号本塁打をライトスタンドへ。これが本拠での劇的な優勝劇の口火となった。9回、四球走者の松井を一塁に置いて、ウィリアムズが本塁打を放ち、チームはサヨナラ勝ち。ア・リーグ東地区7

連覇を達成した。

「本塁打も素晴らしいが、今日の松井の大事な打席はあの四球だ」とトーリ監督を喜ばせた。2死ならウィリアムズは一発狙いにならざるを得ないが、松井の出塁で進塁打を心がけた結果、サヨナラ弾が生まれた、と分析。「自分は全力を出すだけ。ただ、チームが苦しいときに打てたのはうれしい」。満面の笑みで、仲間とシャンパンをかけ合った背番号「55」。ヤンキースの4番として、新たな栄冠をつかみとった。

レギュラーシーズン最終戦となった10月3日のブルージェイズ戦。2打数1安打で迎えた6回の第3打席、外角に小さく沈む球を打ち上げた。平凡な飛球が中堅手のグラブに収まる。安打なら打率3割台に乗るところだったが、あと一歩及ばず、ベンチに退いた。

プレーオフを控えているため、「休ませることの方が大事だった」とトーリ監督。「最後の試合まで持ち込まずに、もっと余裕を持って（3割を）打っていれば良かった」と松井。すべてが1年目を上回ったシーズンで、来季以降への目標を残すこととなった。

【9～10月の成績】打率2割7分8厘、本塁打6、打点17。

感じるファンの大切さ　2004・10・4

地区優勝を決めるのに、これほど時間がかかるとは予想していませんでした。ボストン（レッドソックス）の追い上げが、すごかった。その一言ですね。個人的には、終盤に緊張感の中で野球ができるのは幸せなこと。優勝できれば、いつ決まろうと構いませんけど。

今季を振り返ってすぐに思い浮かぶのは、8回に4点差を逆転して勝った4月27日のアスレチックス戦。ぼくが押し出し四球を選んだり、ルーベン（シエラ）が逆転の2点二塁打を放ったり。開幕から波に乗れず、前日まで4連敗中だったチームが、あれで軌道に乗った。大きな試合でした。自分自身については、数字はともかく1年間、試合に臨む上で、やるべきことをしっかりやれた、という満足感がある。いいシーズンを送れました。

日本では、今季はペナントレースよりも、球界再編問題への関心の方が高かったんでしょうね。史上初のストライキを経て、来季も2リーグ、12球団で行われると聞きました。ファンと選手会が足並みをそろえて戦ったから、ああいう形が出てきたんだと思う。すごく良かった。プロとして、ファンがいなければ、話になりませんから。

今季のヤンキースは観客動員の球団記録を更新しましたが、こんなこともあった。9月9

日のデビルレイズ戦、雨天順延で急きょ組まれたデーゲーム。このヤンキースタジアムに閑古鳥が鳴いていたんです。ファンがいないと、こんなに球場の雰囲気が変わってしまう。改めて存在の大きさを感じた試合でした。

ぼくは、サインや記念撮影の依頼にはできる限り応じるようにしています。自分の都合もありますが、そういう気持ちに応えたいという思いは常にある。日本の球界は今回、ファンとの距離が近づいたと感じているのではないでしょうか。世論は無視できない。ファンには、それだけの力があるということです。

さて、休む間もなく、プレーオフが始まります。地区優勝は一つの区切りですが、通過点でもある。見据えるのはワールドチャンピオンしかありません。短期決戦は、一瞬一瞬のプレーで流れが変わる。常に自分を研ぎ澄ましながらプレーしないと、本当に取り返しのつかないことが起こる。2年目で雰囲気は分かっているし、いい意味で経験を生かしていけると思う。個人の目標はまったくありません。ただ、チームが勝つための力になりたい。それだけです。

松井秀喜をめぐる主な出来事（地区シリーズ）

5日、プレーオフが開幕。ヤンキース（ア・リーグ東地区1位）とツインズ（ア・リーグ中地区1位）の対戦となった。ヤンキースは9安打を放ちながら5併殺を喫し、無得点。6番左翼で先発した松井は、20勝左腕のサンタナから第1打席、第2打席と安打を放ったが、6回2死一、二塁の第3打席では打てず、カウント2－2から低めのスライダーを引っ掛けた。結局、0－2でヤンキースが敗れ、初戦を落とした。

6日もヤンキースにとって苦しい試合となった。延長戦に入り、1点を追う12回、1死一、二塁から、A・ロドリゲスが左中間を破る同点二塁打を放つ。続くシェフィールドが歩かされ、1死満塁。大物たちがお膳立てした舞台に松井が登場した。「打席であがったことはない。そのときの状況を把握し、どう対処していくかだけに集中している」。相手は左腕ロメロに代わった。「外野に打てる球だけを待った」と松井。初球、その球をたたく。内角直球がシュート気味に食い込んでくることも「頭に入っていた」と松井。初球、その球をたたく。右翼へ痛烈な打球が飛び、捕られたが、犠飛となって三塁からジーターを迎え入れた。ヤンキースがサヨナラ勝ちをおさめ、対戦成績は1勝1敗に。

8日の第3戦、松井は4番左翼で出場。6点をリードして迎えた7回1死、プレーオフ今季1号、通算3号の本塁打は思わぬ形で生まれた。左中間深くへの飛球を、名手として名高い中堅のハンターが持ち前のジャンプ力でグラブにおさめたかに見えた。が、次の瞬間、フェンスにぶつかり、その衝撃でボールが観客席へとこぼれた。「捕られたと思って、ベンチへ帰ろうとした。ラッキーでしたね」と松井も苦笑い。先発ブラウンの好投に松井を含めた打線が応え、ヤンキースが8－4で快勝。2勝1敗でリーグ優勝決定シリーズ進出に王手をかけた。

9日の第4戦、ヤンキースは8回、シエラの3ランで追いつき、11回に勝ち越した。4番左翼で先発した松井は、3回にツインズのエース・サンタナから、4試合連続安打となるタイムリーヒットを放った。その後、8回には無死二塁から四球を選び、同点劇を演出した。「毎日、集中してプレーできた。自分のベストは尽くせた」。仲間とシャンパンをかけ合う。「次も頑張る。強い気持ちでぶつかりたい」

投手対策、経験生かせた　2004・10・24

　ぼくは今、何とも言えない感覚に包まれています。気持ちは「負けちゃったな」という感じなんだけど、体はまだ野球をやりたがっている。

　この1年、いろんなことを考え、準備をし、戦ってきた。それはすべてワールドシリーズで勝つためだった。自分の体も気持ちも、当然のことながら、ワールドシリーズまでやるつもりでいた。

　去年はそこまで戦うことができたからかもしれないけど、「ああ終わった」という感覚があった。今年はそれがない。しばらく、こういう状態が続くのかもしれません。

　プレーオフでのバッティングについて、よく質問されます。でも、個人的な成績については何も感じないというのが、ぼくの正直な気持ちです。チームが勝つか負けるか。ぼくにとっては、それがすべてですから。

　確かに、ポストシーズンという舞台で活躍できることは、プレーヤーにとっては素晴らしいことだと思います。でも、打てるか打てないかというのは、ほんのちょっとした差でしかないし、たまたま打てる時期だったという面もあると思うのです。大切なのは、そこまでどういう準備をし、その成果を打席で出せたかなんだと、ぼくは考えています。そういう意味では、相手投手に対する準備がうまくいったという部分はあるでしょう。

ア・リーグ優勝決定シリーズ第3戦で、2本の本塁打を打つことができました。中でも1本目の2ランは、うまく対応できたと思っています。

レッドソックスのアローヨという投手に対する自分なりの対策がある。それを打席の中で守り、しっかり実践することができた。バッティングの内容がどうだったというより、そういう部分がうまくいった結果だったとぼくは考えています。

そうした対策の幅は、もちろん、1年目より増えています。いろんな種類の投手がいるわけで、その一人ひとりとの対戦が、ぼくにとって貴重な経験になっています。

2年目の今年、ぼくの中で大きく変わった部分があるとすれば、そういう点かもしれません。

自分自身がレベルアップしたという感覚は、正直言ってありません。ただ、いろいろなものに対する準備は、間違いなく良くなった。体調管理にしてもそうだし、それは大きな進歩だと思う。去年1年間の経験が自分の中で余裕となって、いい方向に作用したと言ってもいいでしょう。

去年は何も分からないまま飛び込んで、とにかく自分自身の力をぶつけるしかなかった。準備というものは、何もなかったと言ってもいい。

当たり前のことなんだけど、今年は違った。経験から学ぶことができた。今、自分に何が足りないのか。何をすべきなのか。ぼくは日本にいたころから、そういうやり方で、プレーヤーとして常にいいものを求めてやってきたつもりです。

来年については、正直に言って、まだ考えることができません。ワールドシリーズに出場し、チャンピオンになりたい。それが唯一、最大の目標であることに変わりはない。そのために、オフの間にできることは何か。まだ具体的なプランはありませんが、しばらく体をケアしながら、じっくり考えるつもりです。

今年も1年間、応援ありがとうございました。今この時期に野球ができない悔しさを忘れず、新たなシーズンに向かっていきたいと思います。

松井秀喜をめぐる主な出来事（リーグ優勝決定シリーズ）

12日、ア・リーグ優勝決定シリーズが開幕。同じ東地区で、ワイルドカードで勝ち上がってきたレッドソックスとの対戦となった。

1回2死二塁、4番に座った松井は、今季大リーグ最多の21勝の先発シリングから、2－0と追い込まれながらも二塁打を放ち、先取点をたたき出す。「彼のウイニングショットは、スプリット・フィンガード・ファストボール。もちろん頭にありました」

ヤンキースは6回まで8－0と大きくリードしていたが、7回に集中打を浴び、8回も2点を許して、1点差まで追い詰められた。8回2死三塁の場面で、4番手としてリベラが登板。親族の不幸で母国パナマに戻っていたが、球団が手配したチャーター機で数時間前にニューヨークに帰ってきたばかり。だが、今季53セーブの右腕は、試合終盤の展開を左右する大事な存在だ。期待に応え、後続をしっかり打ち取った。その裏、ウィリアムズの二塁打で2点加点したヤンキースが、10－7で初戦を制した。

13日、第2戦。1回にシェフィールドの中前適時打でヤンキースが1点を先行。6回にオルルードが2点本塁打で加点した。また、先発リーバーが7回無失点の好投を見せ、最後はリベラが締めくくった。松井は4番左翼で出場し、4打数1安打でポストシーズン6試合連続安打を記録。ヤンキースは3－1で連勝し、敵地ボストンへ乗り込んだ。

16日、前日の雨で1日順延となった第3戦。4番左翼で出場した松井は、1回の第1打席と9回の第6打席で2点本塁打を放つなど、6打数5安打5打点という記録的活躍を見せた。実況アナウンサーは「ヒデキ、信じられない！」と叫び、大リーグの試合報告書には「ゴジラ・ナイト」と記された。「自分でもちょっとビックリ」と松井は照れた。「すべての投球に、いい反応ができていたんだと思います」。ヤンキースが19－8と圧勝、2年連続40度目のリーグ優勝に王手をかけた。

17日、第4戦は、3連勝で王手をかけていたヤンキースがレッドソックスに延長12回、4－6でサヨナラ負けを喫する。6回、松井の三塁打を足がかりに逆転したが、抑えのリベラが9回に同点を許し、今シリーズ初の延長戦へ。12回、ヤンキース5番手の右腕クアントリルが4番オルティスに右越えに2ランを運ばれた。ア・リーグ優勝決定シリーズ史上最長の5時間2分。「何とか勝ちたかったけど、しょうがない」と松井。

18日、第5戦。松井は6回2死満塁の場面で登場したが、右翼左への低いライナーを好捕された。「内容が良くても結果が悪ければ、普通の凡打と同じです」。相手はその後も全力で松井を崩しにきた。打席ごとに新たな投手をぶつけられた結果、勢いは止められる格好になった。延長14回、前日サヨナラ2ランを放ったオルティスの適時打で、レッドソックスが2試合連続の延長サヨナラ勝ち。下降線を描いた打撃の調子をすぐに修正するのは難しい作業だが、松井は「明日また新たな気持ちでやりますよ」と前向きに切り替えていた。

19日、本拠ニューヨークに戻っての第6戦。レッドソックスが4回、ベルホーンの3ランなどで4点を先行。先発シリングの好投などでヤンキースの反撃をしのぎ、4－2

で対戦成績を五分に持ち込んだ。ヤンキースはシェフィールド、松井の3、4番が調子を落としている。初戦から3連勝後の3連敗はプレーオフ、ワールドシリーズを通じて初めて。「我々の持てる力をすべて出す。それだけですよ」と松井。ついにレッドソックスが逆王手をかけ、ライバル対決は昨年に続き最終決戦へともつれ込んだ。

20日、ア・リーグの優勝を決める第7戦。ヤンキースはレッドソックスの勢いを止めることができず、10－3の大差でレッドソックスが勝利。シリーズ4勝3敗で18年ぶり11度目のリーグ優勝を果たした。シリーズのMVP（最優秀選手）には第4、5戦でサヨナラ打を放ち、この試合でも先制本塁打を放った指名打者のオルティスが選ばれた。松井はこのシリーズ全試合に4番左翼でフル出場。ポストシーズンは3本塁打13打点を挙げたが、前半の好調さがうそのように後半はバットが湿り、チームは失速。2年連続のワールドシリーズ進出を逃した。

担当記者から見た「MATSUI」
大リーグ2年目の到達点、そして3年目へ

宮田喜好

左打席の松井秀喜がバットを振り抜いた。乾いた打球音を残した白球が右翼席へ飛び込んでいく。観客がどよめく。手応えがあったのだろう。背番号「55」は悠々と一塁へ向かっていた。

2004年5月28日、フロリダ州セントピータースバーグ。デビルレイズの本拠トロピカーナ・フィールドの記者席で松井の本塁打を見ていて一瞬、自分がどこにいるのか忘れそうになった。ずっと以前に、この光景を見たことがあるような気がしたのだ。

そうだ。阪神担当記者として巨人戦を取材していた頃、こんな場面が何度もあった。東京ドームの少しよどんだ空気を切り裂いて、松井の打球は勢いよく右翼席へ飛び込んでいった。巨人ファンが本塁打を期待し、阪神ファンが一発を恐れる中、松井は現実にホームランを放ってみせた。東京ドームに限らない。甲子園球場でも、どこの球場でも、巨人の松井のそんな姿は、ごく普通になっていた。02年には、シーズン50本塁打を放った男なのだ。

トロピカーナ・フィールドは、東京ドームと同じ人工芝のドーム球場。だからなおさらデジャヴ（既視感）を感じたのかもしれない。ともかくフロリダ半島の片隅の野球場で飛び出した松井のホームランに全く「違和感」というものがなかった。「もう、松井がメジャーでホームランを打つ姿も、不思議じゃなくなってきたなあ」と思った。これが5月に入って6本目、04年の第8号だった。3月、4月と1本ずつだった本塁打のペースが、明らかに上がってきていた。

松井の2004年を総括するなら、「松井」が「MATSUI」へ脱皮したシーズン、ということになるだろう。

02年オフ、日本の本塁打王は巨人の4番の座を捨て、フリーエージェント（FA）宣言して太平洋を渡った。日本の本塁打王は巨人の4番の座を捨て、フリーエージェント（FA）宣言して太平洋を渡った。ヤンキースに入団して1年目のプレーを、僕は日本でテレビで見ていた。印象に残っている場面がいくつかある。ヤンキースタジアムでの開幕戦で飛び出した満塁ホームラン。レッドソックスとのア・リーグ優勝決定シリーズで、同点のホームを踏んだ直後に見せた歓喜のジャンプ。しかし、03年の打撃成績は前年までの巨人時代のそれとは比べようもなかった。163試合で打率2割8分7厘、106打点、16本塁打。「新人」としては十分な数字だろうが、日本での華々しい活躍を知る者としては少し寂しい気がした。松井をもってしてもこんなものなのか、と思わずにはいられなかった。日本のパ・リーグで7年連続首位打者の勲章をひっさげてオリックスからマリナーズに移籍したイチローは1年目の

2001年、いきなりア・リーグ首位打者を獲得し、最優秀選手賞（MVP）に輝いている。長距離打者の松井はイチローとはタイプが違うが、同じように最初から大リーグの壁を越えていくと思った。予想は外れた。開幕からほどなく、内野ゴロの山を築いていた松井は米メディアに「グラウンドボール・キング（ゴロ王）」と揶揄《やゆ》されていた。それでも反論せず、批判に耐えて、じっと努力を重ねた。そこが松井らしかった。

1年目の松井は徐々に調子を上げ、ワールドシリーズ出場を果たした。ジョー・トーリ監督やチームメートの信頼を得て、正左翼手のポジションを勝ちとっていた。全体的に見れば順調なデビューだったといえるだろう。そして、2年目の04年が勝負の年になることを、誰より本人が自覚していたに違いない。

2年目の松井は、前年の経験を糧にし、新しい打撃に取り組んだ。メジャーの投手は外角に広いストライクゾーンをいっぱいに使い、手元で微妙に変化する速球を投げてくる。松井の出した対策は、投球を限界まで手元に引きつけ、左翼方向へ強く打ち返すことだった。そのためには左腕を柔らかく使う必要があると考え、オフの自主トレーニングでは左投げに取り組んだり、左手一本で打ってみたりした。打者の命であるバットは1年目より約1・27センチ短くし、巨人で50本塁打を放った02年と同じ86・5センチに詰めた。握り方も変えた。1年目はグリップエンドを露出させていたが、2月にキャンプ地のフロリダ州タンパでフリー打撃を始めた時には、右小指をグリップにかける巨人時代の握り方に戻していた。キャンプで打撃練習を見た元巨人監督の原辰徳さんは「昨年より重心が低くなり、後ろ足に体重を残している」と変化を指摘した。

こうした打撃改造に、どれほどの自信と手応えを感じていたのか。オープン戦が佳境を迎えた3月半ば、初めて松井にゆっくり話を聞く機会があった。「自分では、大きく変えているつもりはないんですけどね。去年との一番の違いは、一言で言えば『慣れ』だと思いますよ。相手投手のこともそうだし、生活のこともそう。去年は何もかもが初めてで、分からないことばかりでしたから」。タイガースのキャンプ地・フロリダ州レークランドでの試合後、タンパに戻るまでの約1時間。ヤンキースの広岡勲広報が運転するクルマの中で、松井はいつものように丁寧に取材に答えた。

打撃改造についての部分は本音かどうか分からない。実際は何かに取り組んでいても、松井はそれを簡単に明かすタイプではないからだ。一方、後半部分は正直な気持ちだったと思う。実際、04年シーズンを通してこの「慣れ」という言葉を何度も何度も、松井の口から聞くことになる。

余談だが、このクルマの中で僕は、野茂英雄（当時ドジャース）が日本で社会人野球のチームを設立したという話をきっかけに、松井にそういう構想がないかを尋ねてみた。松井は「今は、そういうことは考えていません。何よりグラウンドでいいプレーを見せることが、自分にできる最大の貢献だと思っている」と答えた。まず大リーガーとしての自分を確立したい、との思いがにじんでいた。もちろん、社会貢献や恩返しの仕方には人それぞれ、いろいろな形があるのも確かだ。

2年目のオープン戦を順調に過ごした松井は、デビルレイズとの開幕2連戦のため日本に凱旋《がいせん》帰国した。開幕戦に2番・左翼で先発起用され、第1打席で、右中間を破る二塁打を放った。僕はスポーツ専門ケーブル局ESPNがニューヨーク・タイムズスクエアで経営するスポーツバーで、その一打を見ていた。まだ夜明け前の時間帯だというのに、200人近い米国人ファンが大型スクリーンに映し出された松井の快打に、拍手と喝采《かっさい》を送っていた。背番号55の法被《はっぴ》を着ていた若い女性店員が小躍りしていた。開幕第2戦では04年第1号のアーチをかけた。「今年はやってくれそうだ」。日本のファンを興奮させた大活躍は、ニューヨークのファンにも、確かなメッセージとなって届いていた。

米国に戻ってきた松井は開幕3戦目から6、7番を打つ日が続いた。4月は本塁打こそ1本だけだったが、徐々に打率を上げた。じっくり球を引きつけようとした成果なのか、四球を選ぶ打席が多かった。5月の声を聞くと、打球が上がり始めた。5月25日から30日まで、敵地でのオリオールズ、デビルレイズとの6連戦では実に21打数11安打、2本塁打、7打点、8四死球の大暴れ。冒頭に紹介したトロピカーナ・フィールドでの一発も、この期間に含まれている。

オリオールズとデビルレイズは、ヤンキースと同じア・リーグ東地区所属。毎年19試合ずつ対戦する。松井は「2年目で、相手がどんな投手かが分かってきたことが大きい」と語っていた。対戦を繰り返す中で一人ひとりの投球フォームの特徴や持ち球、球筋を脳裏に焼き付ける。その予備知識を打席で生かせるようになってきた。これも、松井が力説していた「慣れ」の一つだ。

6月以降の活躍ぶりは、改めて細かく記すまでもない。オールスター戦にもア・リーグ最後の1人、32人目の選手を決めるファン投票できわどく選出されて、2年連続出場を果たした。後半戦に入ると、チーム事情に変化があった。6、7番を打つことが多かった松井が、8月に入って5番に座る機会が増えた。9月6日のデビルレイズ戦で04年3度目の4番に入ってからは、ほとんど「4番」が指定席となった。地区優勝への正念場を迎えたトーリ監督が、レンジャーズから移籍1年目のスーパースター、アレックス・ロドリゲスを3番から2番に上げる攻撃的なオーダーを選択した結果だった。3番にはゲリー・シェフィールドが入った。大リーグでは「3番最強」が通説だ。そういう背景を考えてもなお、巨人の4番、日本の4番からヤンキースの4番になった松井の姿を、日本人の1人として誇らしく思った。

この松井の「昇格」は自主トレーニングから取り組んできた新しい打撃へのアプローチが正しかったことを証明してもいた。中堅から左翼方向へ、伸びのある打球が飛ぶ打席が増えていた。第1ストライクから積極的に打っていく姿勢も好結果につながっていた。「追い込まれれば追い込まれるほど、甘い球がくる確率は低くなる。早いカウントから打っていくのは当たり前といえば当たり前なんですよ」と松井は解説してくれた。相手投手に慣れてきたこともあり、その好球を「ミスショット」することも少なくなった。

ホームラン数は5月以降、快調に伸びた。25本塁打でやや足踏みしていた9月の初め、ヤンキースタジアムのロッカー室で「30本は間違いないですね」と水を向けたことがある。松井は「そう思うでしょう。でもねえ、あと5本というけど、そのたかが5本が、難しいんですよ。狙って打てるものではないから」と苦笑いを返してきた。「30本塁打も打率3割も、打てればうれしいし、打てなければしょうがない。本当に数字にこだわりはない。自分がやるべきことはやった」。シーズンの最終盤、彼はそう繰り返していた。9月は12日のオリオールズ戦まで11試合、ホームランがなかった。それが24日からの6試合で5本の固め打ちをみせ、31本でシーズンを終えた。前年の16本から実に2倍近くになった。

松井は、数字やタイトルへのこだわりを全く見せない。理由はいろいろあるだろうが、何よりチームの勝利が最優先という意識が徹底している。それは彼のこれまでの野球人生の軌跡と無縁ではないだろう。1992年夏、第74回全国高校野球選手権大会。星稜高（石川）の三塁手だった松井は、明徳義塾高（高知）との2回戦で5打席連続敬遠されている。野球ファンなら誰もが知っている有名な試合だ。甲子園球場で取材していた僕は、こみ上げる感情をこらえるように一塁へ走る松井の姿を覚えている。1回戦で当たった長岡向陵高（新潟）の選手は「松井君の打球は速すぎて見えなかった」と話していた。そんな超高校級の打力を持つがゆえに、打たせてもらえなかった。それでも松井は自分の出塁が勝利につながると信じて、敬遠を受け入れた。

プロ入り後も決して順風満帆ではなかった。ドラフト会議では子供の頃からファンだった阪神にも指名されていながら「くじ引き」で長嶋茂雄監督（当時）が率いる巨人に入団することになった。希望した三塁手ではなく、外野手をやることになった。実績を積み重ねても、巨人の4番を任されるのに年月を要した。巨人の松井を直接取材する機会はなかったが、どんな状況でも、わがままをいったり、悪態をついたりするようなことはなかったと聞いている。勝利が最優先という姿勢は今も変わっていない。

04年も、松井にとっては個人成績の向上が目的ではなく、前年の経験を生かしてワールドシリーズ制覇を成し遂げることがすべてだった。クライマックスは10月、宿敵レッドソックスとのア・リーグ優勝決定シリーズでやってきた。松井は何かに取りつかれたように打った。第1戦は5打数3安打で5打点。第2戦は4の1。第3戦の6打数5安打5打点は、もはや神懸かり的だった。リーグ優勝に王手をかけて臨んだ第4戦でも5打数2安打を記録した。なかでも第1戦の1回2死二塁で、2－0からの4球目、好右腕カート・シリングをとらえた先制の左中間二塁打は、04年の松井の打撃の集大成といっていいだろう。外角低め、ストライクゾーンから沈んでいく球を、前のめりになりながらテニスのバックハンドのように拾った。バットの振り出しを限界まで遅らせたことで、見事なライナーを打ち返した。試合

2004年10月12日、レッドソックスとのリーグ優勝決定シリーズ第１戦。
初回、先制の左中間二塁打を放つ
AP/WWP New York Yankees

後、松井は「ボール球だから、本当はバットが止まるのが一番良かった」と振り返り、シリーズは「今まで100回、いや1000回投げて、すべて空振りさせてきた球だった」と言った。シリーズ序盤の流れを決めた一振りだった。

ヤンキースは3連勝でリーグ2連覇に王手をかけた。第4戦の舞台裏では、ヤンキースが勝ったら松井がシリーズ最優秀選手（MVP）という想定で、試合後の取材の段取りが進んでいた。2年連続のワールドシリーズの舞台が見えていた。ところが、野球というゲームは、筋書き通りには運ばなかった。

ヤンキースはレッドソックスに敗れた。プレーオフ史上初の3連勝後の4連敗という屈辱的な負け方をした。打ち出の小槌《こづち》のようだった松井のバットも、第5戦の第4打席で右翼手の好守に遭って（右直）、幸運を吸い取られてしまったのか、すっかり湿った。トーリ監督は後に「松井の打球は安打になるはずだった。あそこでシリーズの流れが変わったのを感じた」と語っている。

第7戦に敗れた後、ヤンキースタジアムの一塁側ロッカー室わきの通路で、松井は04年最後の記者会見に臨んだ。「ワールドシリーズに勝つことだけを考えてきた。負けてしまったら、何も残らない」。それは涙のない泣き顔だった。レギュラーシーズンは全162試合に出場して打率2割9分8厘、31本塁打、108打点。打率はチームトップを記録した。プレーオフは11試合で打率4割1分2厘、3本塁打、13打点と活躍した。敗者の成績ではない。

しかし勝者にはなれなかった。劇的で残酷な結末は、この先も背番号「55」が輝き続けるために、野球の神様があえて与えた試練なのかもしれない。そう思えた。

前述の通り、打撃成績の上昇が目立った04年の松井だが、他にも忘れてはいけない数字があった。全試合出場だ。巨人時代から続く連続試合出場記録を1575試合に伸ばした。けがをしてもいけないし、打撃不振に陥ってもいけない。松井も超人ではない。シーズン中に2度、左肩を痛めてロッカー室で冷やしていた時期があった。原因などは「分からない。でも試合に出られるんだから、問題ないです」としか語らなかった。7月にトロント（カナダ）でのナイター後に取材したときは「のどが痛い」と風邪薬を飲んでいた。無事これ名馬、という言葉がある。松井を馬に例えて恐縮だが、試合に起用され続けることは、それだけで本当にすごいことだと思う。

99年、日本のプロ野球のオールスター戦で同じことを感じたことがある。当時、巨人の松井は38度5分の発熱をおして岡山・倉敷マスカットスタジアムに駆けつけ、雨の中の球宴に代打で出てきた。今、ヤンキースの試合に足を運べば、テレビのチャンネルを合わせれば、ファンは必ず松井の姿が見られる。そんな当たり前のことが、どれほど大切か。大リーグの連続試合出場記録はカル・リプケン（元オリオールズ）の2632試合、日本プロ野球では衣笠祥雄（元広島）が2215試合。松井には、この2人の記録に挑んでほしいものだ。

月日がたつのは早い。あの敗戦から4カ月が過ぎた2005年2月22日、松井はタンパのキャンプ地に戻ってきた。メジャー3年目のキャンプ初日。デレク・ジーターと談笑し、バーニー・ウィリアムズとキャッチボールをし、A・ロドリゲスらとフリー打撃をこなした。シェフィールドらと外野でノックを受けた。ロッカー室で、移籍1年目の大リーグ最強左腕ランディ・ジョンソンらと同じ空間を共有している。スーパースターがそろう「ヤンキース」というパズルのピースの一つになっている。松井がヤンキースの正左翼手であることを、疑う者はもう誰もいない。

「3年目だし、だいぶ落ち着いて初日を過ごせたと思う。キャンプのテーマ？　特別、技術的に何かをやろうということはない。常に頭の中で考えていることをしっかり体で表現できたら、体の隅々まで伝えられたら、いいプレーができるんじゃないか。打撃は、自分の中でできあがりつつあるものがある。それを1スイング、1スイング、常に意識していけば良くなっていくんじゃないか」。さりげない抱負にも、過去2シーズンで得た手応えの大きさがにじみ出ている。

「ヤンキースタジアムで初の場外ホームランをかっ飛ばしてもらいたい」。野球の歴史に詳しいノンフィクション作家の佐山和夫さんは、ヤンキース移籍が決まった直後の松井に、こんな言葉を贈っている。1923年に完成した「ルースの建てた家」と呼ばれる同スタジアムでは過去、場外ホームランを打った選手はいない。往年のスーパースター、ミッキー・マントルが惜しい打球を2度、右翼席最上段まで運んだのが最長とされている。

打席から95・7メートル先の右翼フェンス。その先にある3階建ての観客席のはるか上を、松井の打球が越えていく。ヤンキースの「ワールドシリーズ制覇」の夢を乗せて……。松井なら、いつか、そんな場面を見せてくれそうな気がする。

（朝日新聞ニューヨーク支局記者）

松井秀喜　メジャーリーグ全打席（2003年）

レギュラーシーズン

日程	対戦相手	戦績	打席	打	安	点	振	球	本	率
3・31	ブルージェイズ	○8－4	左安 一ゴ 二失 中飛	4	1	1	0	0	0	.250
4・1	〃	○10－1	一ゴ 三振 一ゴ 右安 左犠	4	1	1	1	0	0	.250
2	〃	○9－7	左2 一ゴ 中2 三振 二ゴ 三振	6	2	1	2	0	0	.286
4	デビルレイズ	○12－2	四球 右安 左飛 遊ゴ 二ゴ 一ゴ	5	1	0	0	1	0	.263
5	〃	●5－6	投ゴ 中安 中安 投ゴ 四球	4	2	1	0	1	0	.304
6	〃	○10－5	投ゴ 二ゴ 二ゴ 左安 一直	5	1	0	0	0	0	.286
8	☆ツインズ	○7－3	二ゴ 四球 右本 二ゴ	3	1	4	0	1	①	.290
9	☆　〃	○2－1	中飛 一ゴ 二ゴ	3	0	0	0	0	0	.265
10	☆　〃	○2－0	投ゴ 左2 左安 中安	4	3	2	0	0	0	.316
12	☆デビルレイズ	○5－4	三振 中飛 一飛 二併 左安	5	1	1	1	0	0	.302
13	☆　〃	●1－2	中飛 四球 投ゴ 一飛	3	0	0	0	1	0	.283
14	☆ブルージェイズ	○10－9	三ゴ 四球 右安 右本 四球	3	2	3	0	2	②	.306
15	☆　〃	○5－0	三飛 二ゴ 三ゴ 中安	4	1	0	0	0	0	.302
16	☆　〃	●6－7	遊ゴ 二ゴ 中飛 右安 四球	4	1	0	0	1	0	.298
17	☆　〃	○4－0	三振 二ゴ 右2 四球	3	1	2	1	1	0	.300
18	ツインズ	○11－4	三振 遊ゴ 右安 三振 右2	5	2	1	2	0	0	.308
19	〃	○4－2	中安 二ゴ 三振 二ゴ	4	1	1	1	0	0	.304
20	〃	○8－2	左2	1	1	1	0	0	0	.314
21	〃	○15－1	遊ゴ 左邪 四球 二ゴ 三振 遊ゴ	5	0	0	1	1	0	.293
22	エンゼルス	○8－3	一ゴ 二ゴ 三振 投ゴ 左飛	5	0	1	1	0	0	.275
23	〃	○9－2	遊ゴ 三ゴ 中飛 遊飛 中飛 中安	6	1	0	0	0	0	.267
24	〃	●2－6	二ゴ 右安 右安 三振	4	2	1	1	0	0	.278
25	レンジャーズ	○3－2	四球 一ゴ 中安 左飛	3	1	0	0	1	0	.280
26	〃	○7－5	三振 中飛 二併 二飛 三振	5	0	0	2	0	0	.265
27	〃	●7－10	三振 投ゴ 三振 右飛 三振	5	0	0	3	0	0	.252
29	☆マリナーズ	●0－6	左飛 一ゴ 二ゴ 中安	4	1	0	0	0	0	.252
30	☆　〃	○8－5	左安 中飛 四球 一ゴ	3	1	1	0	1	0	.255
5・1	☆　〃	○2－1	二併 二ゴ 二安 三振	4	1	0	1	0	0	.254
2	☆アスレチックス	○5－3	一ゴ 遊ゴ 中安 左2 二ゴ	5	2	1	0	0	0	.261
3	☆　〃	●3－5	右安 一併 三振 三振	4	1	0	2	0	0	.260
4	☆　〃	●0－2	二ゴ 投ゴ 左安 中飛	4	1	0	0	0	0	.260

日程	対戦相手	戦績	打席	打	安	点	振	球	本	率
5・6	マリナーズ	●7－12	二ゴ 二ゴ 遊ゴ 左安 左2	5	2	1	0	0	0	.265
7	〃	○7－2	三振 中2 右本 左飛 遊飛	5	2	2	1	0	③	.270
8	〃	○16－5	左飛 中安 右飛 一ゴ 中2	5	2	1	0	0	0	.275
9	アスレチックス	●2－7	遊安 遊併 三安	3	2	0	0	0	0	.283
10	〃	○5－2	四球 二ゴ 三振 敬遠 中飛	3	0	0	1	2	0	.277
11	〃	●2－5	三振 一ゴ 三振 二併	4	0	0	2	0	0	.270
13	☆エンゼルス	●3－10	二飛 中安 二ゴ 中飛	4	1	0	0	0	0	.269
14	☆ 〃	●3－5	二飛 左飛 中安 右安	4	2	1	0	0	0	.275
15	☆ 〃	○10－4	三ゴ 二ゴ 左安 二ゴ 二ゴ	5	1	0	0	0	0	.273
16	☆レンジャーズ	●5－8	一ゴ 中安 中飛 三振 投ゴ 左2	6	2	1	1	0	0	.275
17	☆ 〃	●2－5	左飛 二ゴ 遊ゴ 中飛	4	0	0	0	0	0	.269
18	☆ 〃	●1－5	三振 左飛 左2 一ゴ	4	1	0	1	0	0	.268
19	レッドソックス	○7－3	右安 一ゴ 二ゴ 一ゴ 三安	5	2	0	0	0	0	.272
20	〃	●7－10	二ゴ 中安 二ゴ 二ゴ	4	1	0	0	0	0	.271
21	〃	○4－2	二ゴ 三振 一飛 捕邪	4	0	0	1	0	0	.266
22	☆ブルージェイズ	●3－8	左2 中飛 左安 左飛 四球	4	2	0	0	1	0	.270
23	☆ 〃	●2－6	四球 三振 投ゴ 投併	3	0	0	1	1	0	.266
24	☆ 〃	●2－5	投ゴ 遊飛 中犠 二ゴ	3	0	1	0	0	0	.262
25	☆ 〃	●3－5	左直 一ゴ 中安 中安 遊ゴ	5	2	0	0	0	0	.266
26	☆レッドソックス	●4－8	三振 一ゴ 二ゴ 四球 三振	4	0	0	2	1	0	.261
27	☆ 〃	○11－3	中飛 左飛 中飛 二ゴ 中安	5	1	0	0	0	0	.259
28	☆ 〃	○6－5	捕ゴ 左2 投ゴ 二ゴ 左2	5	2	2	0	0	0	.262
30	タイガース	○6－0	中安 一ゴ 遊ゴ 四球 一ゴ	4	1	1	0	1	0	.262
31	〃	●2－4	遊失 左飛 三振 二ゴ	4	0	0	1	0	0	.258
6・1	〃	○10－9	三振 遊ゴ 四球 二ゴ 左2 二併 三振 三振	7	1	0	3	1	0	.254
3	交レッズ	●3－4	二ゴ 三振 三直 一ゴ	4	0	0	1	0	0	.250
4	交 〃	●2－6	右飛 三振 左2 三振	4	1	0	2	0	0	.250
5	交 〃	○10－2	遊ゴ 中本 右2 中2 右2	5	4	3	0	0	④	.261
6	交カブス	○5－3	投ゴ 敬遠 三振 四球	2	0	0	1	2	0	.259
7	交 〃	●2－5	一ゴ 右本 中安 右安	4	3	1	0	0	⑤	.267
8	交 〃	●7－8	死球 三安 左2 四球	2	2	0	0	2	0	.272
10	☆交アストロズ	○5－3	一ゴ 左安 右2 中安	4	3	1	0	0	0	.280
11	☆交 〃	●0－8	中飛 遊ゴ 遊ゴ 一ゴ	4	0	0	0	0	0	.275
12	☆交 〃	○6－5	中安 右安 二ゴ 一失	4	2	1	0	0	0	.279
13	☆交カージナルス	○5－2	右本 三振 二併 右安	4	2	1	1	0	⑥	.282
14	☆交 〃	○13－4	左2 中安 中飛 二ゴ	4	2	4	0	0	0	.285

日程	対戦相手	戦績	打席	打	安	点	振	球	本	率
6・15	☆交カージナルス	○5－2	投併 四球 右安 右安	3	2	1	0	1	0	.289
17	☆デビルレイズ	●2－11	三振 四球 中飛 中安	3	1	0	1	1	0	.290
〃	☆ 〃	○10－2	二併 遊ゴ 左安 三飛 中飛	5	1	1	0	0	0	.288
18	☆ 〃	○1－0	二直 投失 三振 三ゴ 一ゴ	5	0	0	1	0	0	.283
20	交メッツ	○5－0	一ゴ 三振 四球 中安 二ゴ	4	1	0	1	1	0	.283
22	交 〃	○7－3	三振 二安 右本 四球 二併	4	2	1	1	1	⑦	.286
23	デビルレイズ	●2－4	三振 中2 四球 中飛	3	1	1	1	1	0	.286
24	〃	○10－9	四球 中安 二安 遊直 中飛 死球	4	2	1	0	2	0	.289
25	〃	○8－5	左2 四球 四球 右安 投ゴ	3	2	3	0	2	0	.293
26	〃	○4－3	四球 二飛 三直 中飛	3	0	0	0	1	0	.290
27	☆交メッツ	○6－4	右2 三振 右安 二失	4	2	2	1	0	0	.292
28	☆交 〃	○7－1	三直 右本 死球 左安 四球	3	2	5	0	2	⑧	.296
〃	交 〃	○9－8	右安 四球 左安 右安 中安	4	4	1	0	1	0	.305
29	☆交 〃	○5－3	三振 右本 三振 三振	4	1	1	3	0	⑨	.304
30	オリオールズ	○6－5	遊ゴ 左飛 二ゴ 三振	4	0	1	1	0	0	.300
7・1	〃	●3－7	右安 三振 左飛 左飛 中安	5	2	0	1	0	0	.302
4	☆レッドソックス	●3－10	右安 左安 二ゴ 中飛	4	2	1	0	0	0	.304
5	☆ 〃	●2－10	右安 左安 左飛 左安	4	3	0	0	0	0	.309
6	☆ 〃	○7－1	中2 右2 二飛 右飛 二ゴ	5	2	1	0	0	0	.311
7	☆ 〃	○2－1	三振 中飛 二ゴ 右安	4	1	0	1	0	0	.310
8	インディアンス	●0－4	二ゴ 遊ゴ 二ゴ	3	0	0	0	0	0	.307
9	〃	○6－2	三振 二飛 一ゴ 左飛 三直	5	0	0	1	0	0	.303
10	〃	●2－3	一ゴ 遊ゴ 中飛 一ゴ	4	0	1	0	0	0	.300
11	ブルージェイズ	○8－5	右2 中飛 三振 右安 三ゴ	5	2	1	1	0	0	.301
12	〃	●3－10	一ゴ 二ゴ 二ゴ 左安	4	1	0	0	0	0	.301
13	〃	○6－2	左2 遊飛 三振 三振 遊併	5	1	0	2	0	0	.299
15	オールスター戦	○7－6	左安 二ゴ	2	1	0	0	0	0	.500
17	☆インディアンス	○5－4	一ゴ 遊ゴ 二ゴ 右本	4	1	1	0	0	⑩	.299
18	☆ 〃	○10－4	右2 中飛 右安 一ゴ	4	2	0	0	0	0	.301
19	☆ 〃	○7－4	二ゴ 三ゴ 遊ゴ 左安	4	1	0	0	0	0	.300
20	☆ 〃	○7－4	左飛 四球 四球 右安 二併	3	1	1	0	2	0	.301
21	☆ブルージェイズ	●0－8	左飛 右安 一ゴ	3	1	0	0	0	0	.301
23	☆オリオールズ	○4－2	二併 二ゴ 中安 三振	4	1	1	1	0	0	.300
24	☆ 〃	●3－5	中飛 二直 中安 遊ゴ	4	1	1	0	0	0	.300
25	レッドソックス	○4－3	遊ゴ 遊ゴ 三振 三振	4	0	0	2	0	0	.297

日程	対戦相手	戦績	打席	打	安	点	振	球	本	率
7・26	レッドソックス	●4－5	三振 一併 二ゴ 左飛	4	0	0	1	0	0	.294
27	〃	●4－6	二ゴ 中安 一安 三振 二ゴ	5	2	2	1	0	0	.295
29	エンゼルス	○6－2	右安 中2 中飛 右本 遊併	5	3	2	0	0	⑪	.299
30	〃	○8－0	左安 二ゴ 右犠 右2	3	2	3	0	0	0	.301
31	〃	○2－1	四球 四球 中飛 右飛 四球	2	0	0	0	3	0	.300
8・1	アスレチックス	●2－3	二ゴ 三ゴ 遊ゴ 三振	4	0	0	1	0	0	.297
2	〃	○10－7	二併 二ゴ 右本 三振	4	1	1	1	0	⑫	.297
3	〃	●1－2	三振 一ゴ 四球 二安	3	1	0	1	1	0	.297
5	☆レンジャーズ	○6－2	右本 投ゴ 中飛 左飛	4	1	2	0	0	⑬	.297
6	☆ 〃	●4－5	三安 中飛 三振 二ゴ	4	1	0	1	0	0	.296
7	☆ 〃	○7－5	四球 一ゴ 三振 左犠	2	0	1	1	1	0	.295
8	☆マリナーズ	○9－7	右本 四球 三振 遊ゴ	3	1	1	1	1	⑭	.295
9	☆ 〃	●1－2	遊ゴ 右安 左飛	3	1	0	0	0	0	.295
10	☆ 〃	●6－8	投ゴ 左安 一ゴ 中飛 四球	4	1	0	0	1	0	.295
11	ロイヤルズ	●9－12	四球 左2 中本 右安 三振	4	3	2	1	1	⑮	.299
12	〃	○6－0	一ゴ 中安 右飛 二ゴ 二ゴ	5	1	0	0	0	0	.298
13	〃	●0－11	一ゴ 中飛 左安 三振	4	1	0	1	0	0	.297
14	オリオールズ	○8－5	二併 右2 四球 左犠 左飛	3	1	2	0	1	0	.298
15	〃	○6－4	中飛 左安 二ゴ 遊直 二ゴ	5	1	0	0	0	0	.297
16	〃	○5－4	三振 中飛 四球 右安 四球	3	1	1	1	2	0	.297
17	〃	○8－0	二ゴ 遊ゴ 一ゴ 敬遠	3	0	1	0	1	0	.295
18	☆ロイヤルズ	○11－6	左飛 右2 四球 四球 中安	3	2	1	0	2	0	.297
19	☆ 〃	○6－3	遊併 左飛 中安 三振	4	1	1	1	0	0	.297
20	☆ 〃	○8－7	一直 中飛 三振 三振 一ゴ	5	0	0	2	0	0	.294
22	☆オリオールズ	●3－4	二ゴ 投併 右直 左飛	4	0	0	0	0	0	.292
23	☆ 〃	●2－7	遊直 三振 右安	3	1	0	1	0	0	.292
24	☆ 〃	○7－0	投ゴ 一ゴ 四球 二ゴ	3	0	0	0	1	0	.290
25	☆ 〃	○5－2	投ゴ 二ゴ 三飛 中2	4	1	0	0	0	0	.290
26	☆ホワイトソックス	●2－13	二安	1	1	0	0	0	0	.291
27	☆ 〃	●2－11	中飛 中直	2	0	0	0	0	0	.290
28	☆ 〃	○7－5	中飛 遊ゴ 左飛 遊飛	4	0	0	0	0	0	.288
29	レッドソックス	●5－10	左2 四球 遊ゴ 一ゴ	3	1	2	0	1	0	.288
30	〃	○10－7	三振 三飛 四球 一ゴ 二安	4	1	0	1	1	0	.288
31	〃	○8－4	二ゴ 二ゴ 中失 一ゴ 中安	5	1	0	0	0	0	.287
9・1	ブルージェイズ	●1－8	一安 三ゴ 三振	3	1	0	1	0	0	.287
3	〃	●3－4	二ゴ 二ゴ 四球 左飛	3	0	0	0	1	0	.286
4	〃	○3－2	四球 二ゴ 三振 三振	3	0	0	2	1	0	.284

日程	対戦相手	戦績	打席					打	安	点	振	球	本	率
9・5	☆レッドソックス	●3－9	遊ゴ	一ゴ	四球	遊ゴ		3	0	0	0	1	0	.283
6	☆　〃	●0－11	二ゴ	中安	右安			3	2	0	0	0	0	.285
7	☆　〃	○3－1	一ゴ	二飛	中2			3	1	0	0	0	0	.285
8	☆ブルージェイズ	○9－3	左安	左2	左安	投ゴ	三振	5	3	3	1	0	0	.288
9	☆タイガース	○4－2	四球	左飛	三振	中犠		2	0	1	1	1	0	.287
10	☆　〃	○15－5	右2	左本	三振	二併	投ゴ	5	2	3	1	0	⑯	.288
11	☆　〃	○5－2	投ゴ	中安	右安	一ゴ		4	2	0	0	0	0	.289
12	☆デビルレイズ	○10－4	中安	三ゴ	右飛	四球	遊ゴ	4	1	0	0	1	0	.289
13	☆　〃	○6－5	左2	一ゴ	中安	投ゴ		4	2	0	0	0	0	.290
〃	☆　〃	○6－3	三振	二飛	三振	遊併		4	0	0	2	0	0	.288
14	☆　〃	●2－5	三振	二ゴ	遊ゴ	二ゴ		4	0	0	1	0	0	.286
15	オリオールズ	○13－1	三振	左飛	左飛	左安		4	1	1	1	0	0	.286
16	〃	○6－3	中飛	左飛	一ゴ	右安	三邪	5	1	3	0	0	0	.285
17	〃	●3－5	左安	投安	一ゴ	三直		4	2	1	0	0	0	.287
18	〃	△1－1	中飛	敬遠				1	0	0	0	1	0	.286
19	デビルレイズ	○2－1	四球	中安	遊併	二ゴ		3	1	0	0	1	0	.287
20	〃	○7－1	三振	中飛	四球	右安		3	1	0	1	1	0	.287
21	〃	○6－0	中3	右飛	三振	左飛		4	1	1	1	0	0	.287
22	ホワイトソックス	●3－6	右安	四球	中飛	右安	四球	3	2	0	0	2	0	.289
23	〃	○7－0	投ゴ	三振	左安	中飛	四球	4	1	1	1	1	0	.288
24	〃	●4－9	遊ゴ	一ゴ	二飛			3	0	0	0	0	0	.287
26	☆オリオールズ	○11－2	一ゴ					1	0	0	0	0	0	.286
〃	☆　〃	●2－3	遊ゴ					1	0	0	0	0	0	.286
27	☆　〃	○6－2	三ゴ	四球	中安	二併		3	1	0	0	1	0	.286
28	☆　〃	○3－1	中安					1	1	0	0	0	0	.287

※本塁打は号数、打率は通算打率。
※対戦チームの前の「交」は、ナショナル・リーグの球団との交流試合（インターリーグ）。
※日付に続く☆は、ヤンキースタジアムでの試合。

ポストシーズン

【地区シリーズ】ミネソタ・ツインズは中地区1位

日程	対戦相手	戦績	打席	打	安	点	振	球	本	率
9・30	☆ツインズ	●1－3	中安 二併 四球 左飛	3	1	0	0	1	0	.333
10・2	☆ 〃	○4－1	三振 二ゴ 四球 二ゴ	3	0	0	1	1	0	.167
4	〃	○3－1	右本 二ゴ 三振 中安	4	2	2	1	0	①	.300
5	〃	○8－1	左飛 右2 一ゴ 中飛 三振	5	1	1	1	0	0	.267

【ア・リーグ優勝決定シリーズ】ボストン・レッドソックスはワイルドカード

日程	対戦相手	戦績	打席	打	安	点	振	球	本	率
10・8	☆レッドソックス	●2－5	左安 二ゴ 左犠	2	1	1	0	0	0	.294
9	☆ 〃	○6－2	二ゴ 一ゴ 右安 四球	3	1	1	0	1	0	.300
11	〃	○4－3	二飛 右2 一ゴ 三併	4	1	1	0	0	0	.292
13	〃	●2－3	三振 三邪 三振 三振	4	0	0	3	0	0	.250
14	〃	○4－2	三ゴ 二安 二ゴ 三ゴ	4	1	1	0	0	0	.250
15	☆ 〃	●6－9	右飛 左安 中飛 遊安	4	2	0	0	0	0	.278
16	☆ 〃	○6－5	中飛 中2 二ゴ 右2 一ゴ	5	2	0	0	0	0	.293

【ワールドシリーズ】フロリダ・マーリンズはナ・リーグのワイルドカード

日程	対戦相手	戦績	打席	打	安	点	振	球	本	率
10・18	☆マーリンズ	●2－3	左飛 右安 右安 中安	4	3	0	0	0	0	.333
19	☆ 〃	○6－1	中本 二ゴ 右飛 二ゴ	4	1	3	0	0	②	.327
21	〃	○6－1	投ゴ 死球 四球 左安 三振	3	1	1	1	2	0	.327
22	〃	●3－4	三安 左飛 中飛 四球 四球	3	1	0	0	2	0	.327
23	〃	●4－6	二ゴ 二ゴ 左飛 右飛 一ゴ	5	0	0	0	0	0	.300
25	☆ 〃	●0－2	右飛 中飛 三振 左飛	4	0	0	1	0	0	.281

※本塁打はポストシーズンでの号数。打率はポストシーズンの通算打率。
※日付に続く☆はヤンキースタジアムでの試合。

松井秀喜　メジャーリーグ全打席（2004年）

レギュラーシーズン

日程	対戦相手	戦績	打席	打	安	点	振	球	本	率
3・30	デビルレイズ	●3－8	中2　投ゴ　二ゴ　三邪	4	1	0	0	0	0	.250
31	〃	○12－1	右飛　右安　右本　中飛　三振	5	2	3	1	0	①	.333
4・6	〃	●4－9	遊ゴ　三振　遊失　二ゴ	4	0	0	1	0	0	.231
7	〃	○3－2	四球　三振　四球　四球	1	0	0	1	3	0	.214
8	☆ホワイトソックス	○3－1	三ゴ　中飛　三振　三失	4	0	0	1	0	0	.167
9	☆　〃	●3－9	中安　四球　中飛　右2	3	2	1	0	1	0	.238
10	☆　〃	●3－7	中飛　左飛　投ゴ　二ゴ	4	0	0	0	0	0	.200
11	☆　〃	○5－4	二直　右直　三振　二ゴ	4	0	0	1	0	0	.172
14	☆デビルレイズ	○5－1	一ゴ　左飛　二ゴ　四球	3	0	0	0	1	0	.156
16	レッドソックス	●2－6	投ゴ　左安　四球　三振	3	1	0	1	1	0	.171
17	〃	●2－5	四球　右安　左安　遊直	3	2	0	0	1	0	.211
18	〃	○7－3	二ゴ　左安　四球　中飛　中飛	4	1	1	0	1	0	.214
19	〃	●4－5	四球　右2　右安　中安	3	3	0	0	1	0	.267
20	ホワイトソックス	○11－8	死球　三振　四球　四球　二安	2	1	1	1	3	0	.277
21	〃	○3－1	三振　三振　三振	3	0	0	3	0	0	.260
22	〃	●3－4	中2　中飛　一ゴ　右安	4	2	1	0	0	0	.278
23	☆レッドソックス	●2－11	左安　三ゴ　右本　三振	4	2	2	1	0	②	.293
24	☆　〃	●2－3	三振　三振　二ゴ　右直　四球	4	0	0	2	1	0	.274
25	☆　〃	●0－2	左飛　三振　中飛	3	0	0	1	0	0	.262
27	☆アスレチックス	○10－8	左安　投ゴ　右安　四球	3	2	1	0	1	0	.279
28	☆　〃	○5－1	四球　三振　三振　左飛	3	0	0	2	1	0	.268
29	☆　〃	○7－5	捕邪　中安　右安　二ゴ	4	2	0	0	0	0	.280
30	☆ロイヤルズ	○5－2	三ゴ　四球　中飛　中安	3	1	0	0	1	0	.282
5・1	☆　〃	○12－4	二ゴ　四球　左本　三振　三失	4	1	3	1	1	③	.280
2	☆　〃	○4－2	中2　二ゴ　右安	3	2	1	0	0	0	.294
4	アスレチックス	○10－8	投ゴ　左安　遊ゴ　三振　左2	5	2	0	1	0	0	.300
5	〃	○4－3	右安　投ゴ　四球　投安　右安	4	3	0	0	1	0	.319
6	〃	●4－7	二ゴ　遊ゴ　遊ゴ　四球	3	0	0	0	1	0	.309
7	マリナーズ	●2－6	四球　中安　四球　遊ゴ	2	1	0	0	2	0	.313
8	〃	○6－0	三振　三振　二ゴ　三ゴ	4	0	0	2	0	0	.301
9	〃	○7－6	中安　二ゴ　三振　左犠	3	1	1	1	0	0	.302
11	☆エンゼルス	○8－7	二ゴ　三振　右飛　左飛　四球	4	0	0	1	1	0	.291

日程	対戦相手	戦績	打席	打	安	点	振	球	本	率
5・12	☆エンゼルス	●2－11	二ゴ 三振 三邪 一ゴ	4	0	0	1	0	0	.281
13	☆　〃	○7－4	三振 三振 右本 左2	4	2	2	2	0	④	.288
14	☆マリナーズ	○9－5	四球 中飛 左飛 右2 三振	4	1	1	1	1	0	.287
15	☆　〃	●7－13	二ゴ 一併 右本 三振 中飛 二ゴ	6	1	2	1	0	⑤	.281
16	☆　〃	○2－1	中飛 四球 二ゴ	2	0	0	0	1	0	.277
18	エンゼルス	●0－1	二ゴ 四球 二ゴ 投ゴ	3	0	0	0	1	0	.271
19	〃	○4－2	四球 三振 中安 三振 四球	3	1	0	2	2	0	.272
20	〃	○6－2	中飛 中本 中飛 左安	4	2	2	0	0	⑥	.279
21	レンジャーズ	●7－9	遊飛 一ゴ 右安 左安 三振	5	2	0	1	0	0	.283
22	〃	●3－4	二ゴ 三飛 中安 一ゴ	4	1	1	0	0	0	.282
23	〃	○8－3	右安 右2 中飛 左飛 右2	5	3	0	0	0	0	.292
25	オリオールズ	○11－3	四球 左安 四球 四球 中3	2	2	1	0	3	0	.301
26	〃	○12－9	遊ゴ 四球 一ゴ 右本 三振	4	1	1	1	1	⑦	.300
27	〃	○18－5	四球 中安 中2 中安 死球 四球	3	3	3	0	3	0	.313
28	デビルレイズ	○7－5	三邪 右安 右本 三振	4	2	1	1	0	⑧	.317
29	〃	○5－3	一ゴ 四球 二ゴ 遊直	3	0	0	0	1	0	.312
30	〃	●6－7	中安 中安 中飛 中安 三振	5	3	1	1	0	0	.320
6・1	☆オリオールズ	○8－7	右本 四球 四球 中飛 三振	3	1	2	1	2	⑨	.320
2	☆　〃	○6－5	二ゴ 中飛 一ゴ 三振	4	0	1	1	0	0	.313
3	☆　〃	○5－2	一ゴ 左飛 右飛 一安	4	1	1	0	0	0	.312
4	☆レンジャーズ	○7－6	左飛 中安 右本 遊ゴ	4	2	1	0	0	⑩	.316
5	☆　〃	●1－8	中飛 遊ゴ 中直 右飛	4	0	0	0	0	0	.309
6	☆　〃	○2－1	二併 投ゴ 左飛 左飛	4	0	0	0	0	0	.303
8	☆交ロッキーズ	○2－1	中飛 右安 二ゴ 一ゴ	4	1	0	0	0	0	.302
9	☆交　〃	○7－5	三振 四球 一併 右飛	3	0	0	1	1	0	.298
10	☆交　〃	○10－4	三邪 三振 中2 中飛 左飛	5	1	0	1	0	0	.295
11	☆交パドレス	●2－10	左直 中飛 三振 中飛	4	0	0	1	0	0	.290
12	☆交　〃	○3－2	一ゴ 一ゴ 三振 捕邪	4	0	0	1	0	0	.284
13	☆交　〃	○6－5	左飛 三振 右安 右本 中飛 敬遠	5	2	1	1	1	⑪	.287
15	交ダイヤモンドバックス	○4－2	遊ゴ 遊併 四球 二ゴ 三振	4	0	0	1	1	0	.282
16	交　〃	○9－4	中安 右飛 四球 四球	2	1	1	0	2	0	.284
17	交　〃	●1－6	四球 三振 三振 左飛	3	0	0	2	1	0	.280

日程	対戦相手	戦績	打席	打	安	点	振	球	本	率
6・18	交ドジャース	●3－6	左飛 三振 一ゴ 中安	4	1	0	1	0	0	.280
19	交 〃	○6－2	右本 三振 三振 二失	4	1	3	2	0	⑫	.279
20	交 〃	●4－5	中本 右飛 中3 三振	4	2	2	1	0	⑬	.283
22	オリオールズ	○10－4	三振 四球 右安 一ゴ 左飛	4	1	0	1	1	0	.282
23	〃	●2－13	二ゴ 中飛 四球 二ゴ	3	0	0	0	1	0	.279
24	〃	○5－2	右安 左飛 中飛 中安	4	2	0	0	0	0	.282
26	☆交メッツ	●3－9	遊直 右本 左飛 四球	3	1	1	0	1	⑭	.283
27	☆交 〃	○8－1	二ゴ 中飛 三振 右本	4	1	4	1	0	⑮	.282
〃	☆交 〃	○11－6	三振 左飛 二ゴ 三振 三振	5	0	0	3	0	0	.277
29	☆レッドソックス	○11－3	左安 右安 投ゴ 三振 右飛	5	2	2	1	0	0	.279
30	☆ 〃	○4－2	中飛 二ゴ 四球 中安	3	1	1	0	1	0	.280
7・1	☆ 〃	○5－4	三振 三振 遊ゴ 中安	4	1	0	2	0	0	.280
2	交メッツ	●2－11	三振 中直 二ゴ 三振	4	0	0	2	0	0	.276
3	交 〃	●9－10	左安 四球 中飛 二併	3	1	1	0	1	0	.276
4	交 〃	●5－6	四球 中飛 左安 中2	3	2	0	0	1	0	.280
5	☆タイガース	○10－3	二ゴ 中安 左飛 右直 投直	5	1	1	0	0	0	.279
6	☆ 〃	●1－9	遊ゴ 三飛 投ゴ	3	0	0	0	0	0	.276
7	☆ 〃	●8－10	右本 中安 中安 一ゴ	4	3	2	0	0	⑯	.282
8	☆デビルレイズ	○7－1	三振 二ゴ 中安 中2	4	2	2	1	0	0	.285
9	☆ 〃	○5－4	二併 中安 中飛 右2	4	2	0	0	0	0	.288
10	☆ 〃	○6－3	一ゴ 二併 右安 四球	3	1	0	0	1	0	.288
11	☆ 〃	○10－3	中飛 中安 右安 中本	4	3	2	0	0	⑰	.294
13	オールスター戦	○9－4	三振	1	0	0	1	0	0	.000
15	タイガース	○5－1	中飛 左本 二ゴ 一ゴ	4	1	1	0	0	⑱	.294
16	〃	●0－8	二ゴ 三ゴ 二ゴ	3	0	0	0	0	0	.291
17	〃	○5－3	三振 左直 三振 中飛	4	0	0	2	0	0	.287
18	〃	●2－4	二ゴ 一ゴ 二併	3	0	0	0	0	0	.285
19	デビルレイズ	●7－9	三振 右安 三振 四球	3	1	1	2	1	0	.285
20	〃	○4－2	三振 三振 四球 三振	3	0	0	3	1	0	.283
21	☆ブルージェイズ	○10－3	四球 左飛 中2 左直	3	1	0	0	1	0	.283
22	☆ 〃	○1－0	遊ゴ 遊ゴ 中安	3	1	0	0	0	0	.284
23	レッドソックス	○8－7	一ゴ 右安 一ゴ 三振	4	1	0	1	0	0	.283
24	〃	●10－11	中2 中安 右2 三振 三振	5	3	3	2	0	0	.288
25	〃	●6－9	中犠 中直 三振 中本 中飛	4	1	5	1	0	⑲	.287

日程	対戦相手	戦績	打席	打	安	点	振	球	本	率
7・26	ブルージェイズ	○6－5	四球 中飛 三振 一ゴ 右安	4	1	0	1	1	0	.287
27	〃	○7－4	四球 一ゴ 一ゴ 四球	2	0	0	0	2	0	.285
28	〃	●2－3	左安 四球 中安 三振	3	2	0	1	1	0	.288
29	☆オリオールズ	●1－9	二併 左飛 中安	3	1	0	0	0	0	.289
30	☆〃	○2－1	四球 右安 右安 中飛	3	2	0	0	1	0	.292
31	☆〃	○6－4	左飛 中安 左安 右飛	4	2	0	0	0	0	.294
8・1	☆〃	○9－7	三振 左2 投失 右安 左飛	5	2	2	1	0	0	.296
3	☆アスレチックス	●4－13	二ゴ 左飛 遊ゴ	3	0	0	0	0	0	.293
4	☆〃	○8－6	中2 中直 右本 四球 三振	4	2	1	1	1	⑳	.295
5	☆〃	○5－1	右安 二ゴ 三振 中安	4	2	1	1	0	0	.297
6	☆ブルージェイズ	○11－4	右本 右本 左安 三振 左飛	5	3	6	1	0	㉒	.301
7	☆〃	○6－0	左飛 四球 二ゴ 遊安	3	1	1	0	1	0	.302
8	☆〃	○8－2	二安 右安 左飛 左飛	4	2	0	0	0	0	.303
9	☆〃	●4－5	遊ゴ 中飛 二ゴ 右本	4	1	2	0	0	㉓	.303
10	レンジャーズ	●1－7	中直 四球 四球 四球	1	0	0	0	3	0	.302
11	〃	○4－2	四球 中飛 四球 遊安	2	1	0	0	2	0	.303
12	〃	○5－1	二ゴ 右直 一ゴ 中2 遊ゴ	5	1	0	0	0	0	.302
13	マリナーズ	○11－3	四球 三振 遊安 遊飛 二ゴ	4	1	0	1	1	0	.301
14	〃	○6－4	三振 右飛 四球 一ゴ	3	0	0	1	1	0	.299
15	〃	●3－7	中飛 右2 右本 三振	4	2	2	1	0	㉔	.301
17	ツインズ	●2－8	四球 右安 中安 右犠	2	2	1	0	1	0	.304
18	〃	●2－7	遊飛 二直 二ゴ 右2	4	1	0	0	0	0	.304
19	〃	○13－10	三振 中飛 三振 四球 右安	4	1	1	2	1	0	.303
20	☆エンゼルス	●0－5	右直 死球 三振 三振	3	0	0	2	1	0	.301
21	☆〃	●1－6	中飛 三飛 左飛 右飛	4	0	0	0	0	0	.299
22	☆〃	●3－4	四球 一ゴ 三振 三振	3	0	0	2	1	0	.297
23	インディアンス	○6－4	四球 三振 左飛 二ゴ	3	0	0	1	1	0	.295
24	〃	○5－4	三振 中2 三振 中飛 左安	5	2	1	2	0	0	.296
25	〃	●3－4	右2 三飛 二ゴ 三振	4	1	0	1	0	0	.295
26	ブルージェイズ	○7－4	中飛 二直 三振 三振 中安	5	1	1	2	0	0	.294
27	〃	○8－7	右本 右安 左犠 四球 遊邪	3	2	2	0	1	㉕	.297
28	〃	○18－6	三振 中安 四球 二ゴ 四球 右安	4	2	2	1	2	0	.299
29	〃	●4－6	右安 中安 中飛 右安 二飛	5	3	0	0	0	0	.302
31	☆インディアンス	●0－22	左飛 左2	2	1	0	0	0	0	.303

日程	対戦相手	戦績	打席	打	安	点	振	球	本	率
9・1	☆インディアンス	○5－3	一ゴ 左飛 四球 一ゴ	3	0	0	0	1	0	.301
2	☆ 〃	○9－1	右安 左飛 左飛 左飛	4	1	0	0	0	0	.300
3	☆オリオールズ	●1－3	四球 投ゴ 遊併 三振	3	0	0	1	1	0	.298
4	☆ 〃	●0－7	遊ゴ 三振 遊ゴ	3	0	0	1	0	0	.297
5	☆ 〃	○4－3	二ゴ 二失 二ゴ 中飛	4	0	0	0	0	0	.294
6	☆デビルレイズ	○7－4	四球 三邪 右飛 二ゴ	3	0	0	0	1	0	.292
7	☆ 〃	○11－2	右2 中安 三振 右安 中飛	5	3	2	1	0	0	.295
9	☆ 〃	○9－1	右2 左飛 四球 中安	3	2	2	0	1	0	.298
〃	☆ 〃	○10－5	右安 右2 二ゴ 一ゴ 二ゴ	5	2	1	0	0	0	.299
10	オリオールズ	●8－14	四球 右安 三振 中飛 三安	4	2	0	1	1	0	.300
11	〃	○5－2	中飛 遊直 左飛 三振	4	0	0	1	0	0	.298
12	〃	○9－7	四球 四球 左飛 右安 四球 中本	3	2	2	0	3	㉖	.300
13	ロイヤルズ	●8－17	左2 左飛 中犠 三振	3	1	1	1	0	0	.300
14	〃	○4－0	三振 一邪 二ゴ 二ゴ	4	0	0	1	0	0	.298
15	〃	○3－0	四球 三振 左飛 敬遠	2	0	0	1	2	0	.297
17	☆レッドソックス	●2－3	一ゴ 右飛 三邪 三振	4	0	0	1	0	0	.295
18	☆ 〃	○14－4	左安 一安 一直 二飛 一安	5	3	1	0	0	0	.297
19	☆ 〃	○11－1	一ゴ 右安 二ゴ 左飛 三邪	5	1	0	0	0	0	.297
20	☆ブルージェイズ	●3－6	三振 左飛 左飛 投併	4	0	0	1	0	0	.294
21	☆ 〃	○5－3	三ゴ 一ゴ 中安 左安	4	2	0	0	0	0	.296
22	☆ 〃	●4－5	二ゴ 捕邪 三振 中2	4	1	0	1	0	0	.295
23	☆デビルレイズ	○7－3	二ゴ 二失 二ゴ 左飛 左安	5	1	0	0	0	0	.295
24	レッドソックス	○6－4	二ゴ 左安 四球 右本 左2	4	3	2	0	1	㉗	.298
25	〃	●5－12	右本 四球 二ゴ 中飛	3	1	1	0	1	㉘	.298
26	〃	●4－11	二ゴ 四球 中飛	2	0	0	0	1	0	.297
29	☆ツインズ	○5－3	左2 中飛 右本 二飛	4	2	1	0	0	㉙	.298
〃	☆ 〃	○5－4	左本 二ゴ 四球 左飛	3	1	3	0	1	㉚	.299
30	☆ 〃	○6－4	二ゴ 四球 中飛 右本 四球	3	1	1	0	2	㉛	.299
10・1	ブルージェイズ	●0－7	二ゴ	1	0	0	0	0	0	.298
2	〃	●2－4	二ゴ	1	0	0	0	0	0	.298
3	〃	○3－2	右2 三振 中飛	3	1	0	1	0	0	.298

※本塁打は号数、打率は通算打率。
※対戦チームの前の「交」は、ナショナル・リーグの球団との交流試合（インターリーグ）。
※日付に続く☆は、ヤンキースタジアムでの試合。

ポストシーズン

【地区シリーズ】ミネソタ・ツインズは中地区１位

日程	対戦相手	戦　績	打　　席	打	安	点	振	球	本	率
10・5	☆ツインズ	●0－2	中安　右2　二ゴ　左飛	4	2	0	0	0	0	.500
6	☆　〃	○7－6	四球　右安　中飛　三振　中飛 右犠	4	1	1	1	1	0	.375
8	〃	○8－4	遊直　一ゴ　中安　中本　二安	5	3	1	0	0	①	.462
9	〃	○6－5	三振　右安　三振　四球　敬遠 三振	4	1	1	3	2	0	.412

【ア・リーグ優勝決定シリーズ】ボストン・レッドソックスはワイルドカード

日程	対戦相手	戦　績	打　　席	打	安	点	振	球	本	率
10・12	☆レッドソックス	○10－7	中2　右2　左飛　右安　遊飛	5	3	5	0	0	0	.455
13	☆　〃	○3－1	三振　一ゴ　三振　左安	4	1	0	2	0	0	.423
16	〃	○19－8	右本　右2　左2　左飛　中安 中本	6	5	5	0	0	③	.500
17	〃	●4－6	左2　二ゴ　中3　一ゴ　三振 四球	5	2	0	1	1	0	.486
18	〃	●4－5	中飛　右安　一直　右直　左飛 三振　二ゴ	7	1	0	1	0	0	.432
19	☆　〃	●2－4	中飛　一邪　一ゴ　四球	3	0	0	0	1	0	.404
20	☆　〃	●3－10	二ゴ　一ゴ　右2　右安	4	2	0	0	0	0	.412

※本塁打はポストシーズンでの号数。打率はポストシーズンの通算打率。
※日付に続く☆はヤンキースタジアムでの試合。

松井秀喜・レギュラーシーズン通算成績（2003年）

試合数	163（全試合出場）	得　点	82
打　数	623	三　振	86
安　打	179	四死球	66
本塁打	16	盗　塁	2
打　点	106	打　率	2割8分7厘

松井秀喜・ポストシーズン通算成績（2003年）

試合数	17	得　点	6
打　数	64	三　振	7
安　打	18	四死球	7
本塁打	2	盗　塁	0
打　点	11	打　率	2割8分1厘

各成績は地区シリーズ、リーグ優勝決定シリーズ、
ワールドシリーズでの通算成績

松井秀喜・レギュラーシーズン通算成績（2004年）

試合数	162（全試合出場）	得　点	109
打　数	584	三　振	103
安　打	174	四死球	91
本塁打	31	盗　塁	3
打　点	108	打　率	2割9分8厘

松井秀喜・ポストシーズン通算成績（2004年）

試合数	11	得　点	12
打　数	51	三　振	8
安　打	21	四死球	5
本塁打	3	盗　塁	0
打　点	13	打　率	4割1分2厘

各成績は地区シリーズ、リーグ優勝決定シリーズでの通算成績

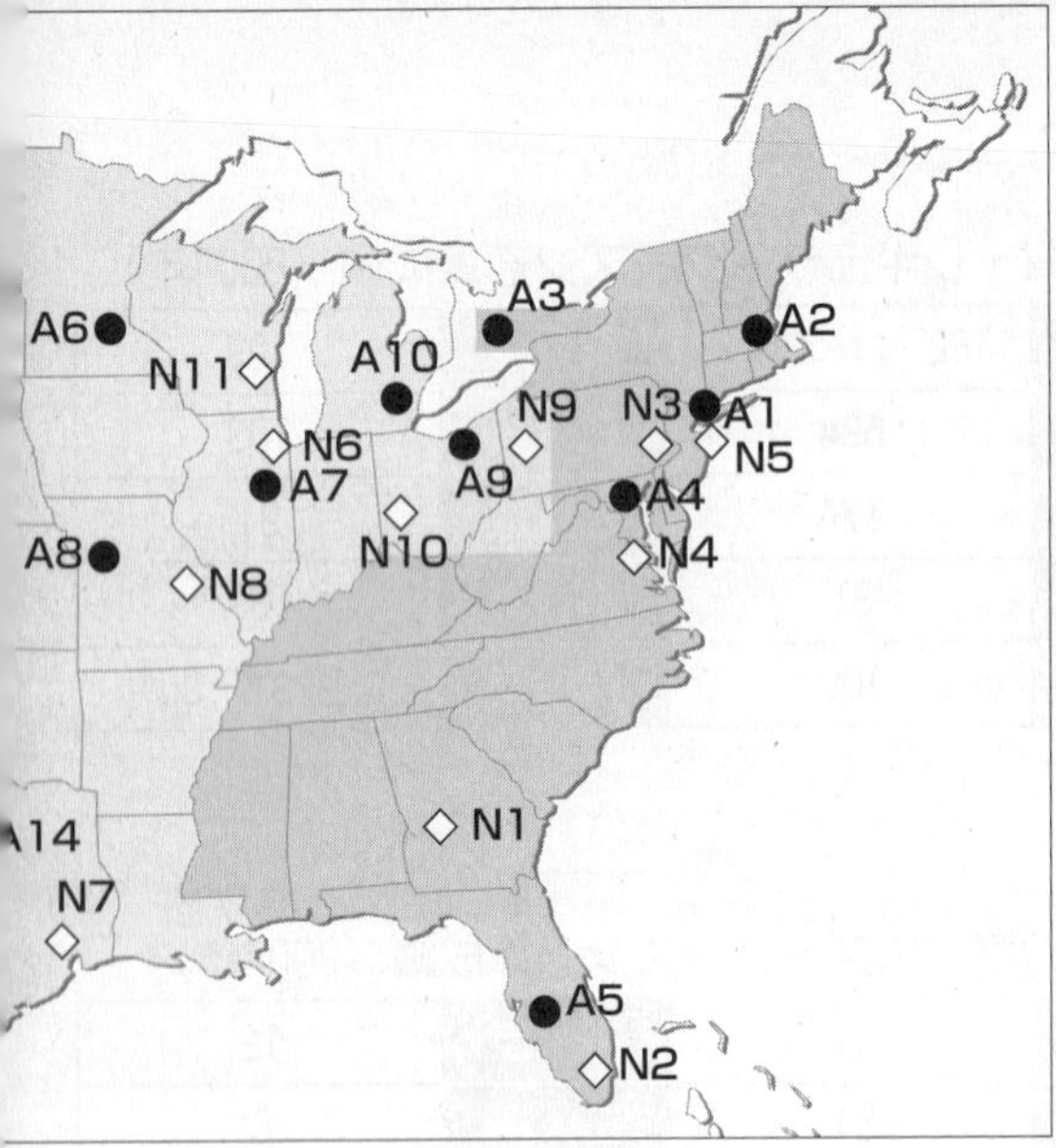

● アメリカンリーグ

東部地区	A1	ニューヨーク・ヤンキース
	A2	ボストン・レッドソックス
	A3	トロント・ブルージェイズ
	A4	ボルティモア・オリオールズ
	A5	タンパベイ・デビルレイズ
中部地区	A6	ミネソタ・ツインズ
	A7	シカゴ・ホワイトソックス
	A8	カンザスシティ・ロイヤルズ
	A9	クリーブランド・インディアンス
	A10	デトロイト・タイガース
西部地区	A11	オークランド・アスレチックス
	A12	シアトル・マリナーズ
	A13	アナハイム・エンゼルス
	A14	テキサス・レンジャーズ

2005 大リーグ30球団本拠地MAP

東部地区
中部地区
西部地区

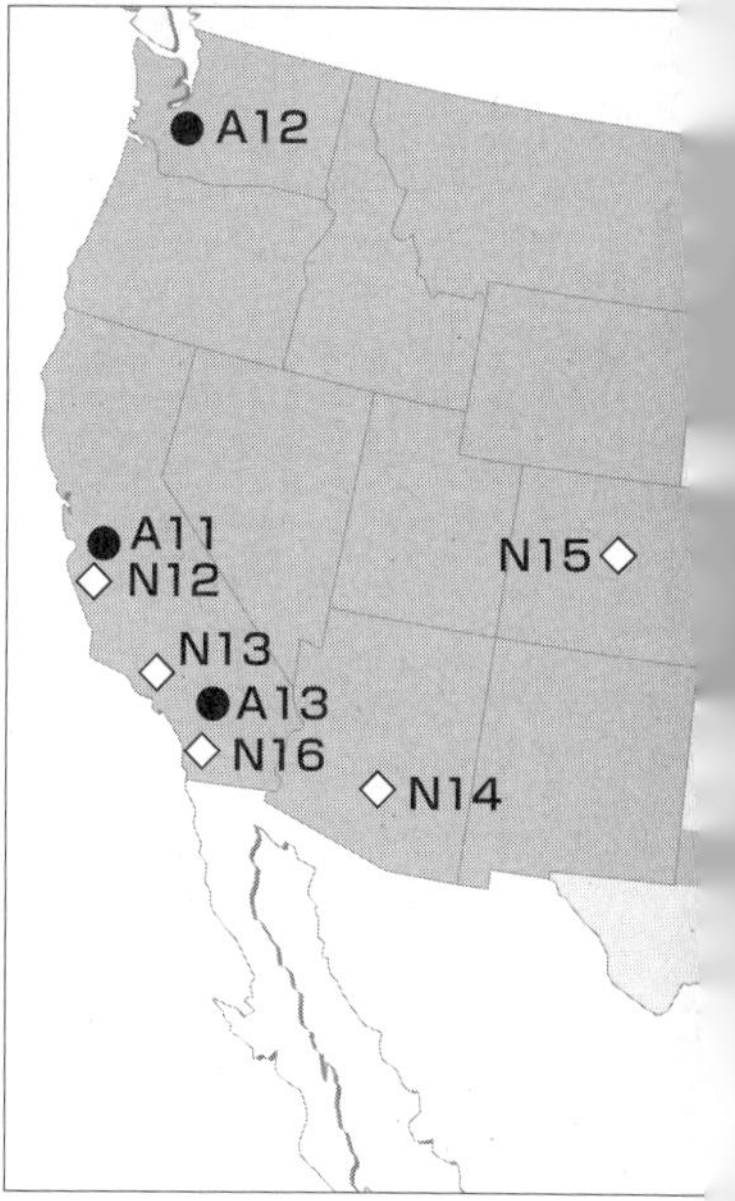

◇ ナショナルリーグ

東部地区	N1	アトランタ・ブレーブス
	N2	フロリダ・マーリンズ
	N3	フィラデルフィア・フィリーズ
	N4	ワシントン・ナショナルズ（旧モントリオール・エクスポズ）
	N5	ニューヨーク・メッツ
中部地区	N6	シカゴ・カブス
	N7	ヒューストン・アストロズ
	N8	セントルイス・カージナルス
	N9	ピッツバーグ・パイレーツ
	N10	シンシナティ・レッズ
	N11	ミルウォーキー・ブルワーズ
西部地区	N12	サンフランシスコ・ジャイアンツ
	N13	ロサンゼルス・ドジャース
	N14	アリゾナ・ダイヤモンドバックス
	N15	コロラド・ロッキーズ
	N16	サンディエゴ・パドレス

松井秀喜《まついひでき》　大《だい》リーグの真実《しんじつ》　朝日文庫

2005年4月30日　第1刷発行

著　者　松井秀喜《まついひでき》

発行者　柴野次郎

発行所　朝日新聞社

〒104-8011　東京都中央区築地5-3-2

電話　03 (3545) 0131 (代表)

編集＝書籍編集部　販売＝出版販売部

振替　00190-0-155414

印刷製本　凸版印刷株式会社

Printed in Japan

定価はカバーに表示してあります

ISBN4-02-261464-1